AF523780

MANFRED HÜCKEL LEUCHTTÜRME DER BILDUNG

MANFRED HÜCKEL

LEUCHTTÜRME DER BILDUNG

ANLEITUNG ZU EINER SCHUL-REVOLUTION

MOLDEN

IN SIEBEN SCHRITTEN …

Für meine Mutter

VORWORT

Dieses Buch richtet sich an diejenigen Eltern und Pädagog*innen, die den Schulkindern am liebsten Flügel verleihen würden. Wir alle würden so viel dafür geben, dass die uns anvertrauten Kinder ihre Talente entwickeln und ihre Träume verwirklichen können! Wir sind aber an ein starres Schulsystem gebunden, das nach unserer tiefsten Überzeugung gründlich reformiert werden müsste. Diese dringend notwendige Schulreform „von oben" wird es allerdings so bald nicht geben. Anstelle einer Reform unseres gesamten Schulsystems gibt es einen anderen Weg, um mehr und mehr Kindern den Besuch von Schulen zu ermöglichen, die eine lebenslange Liebe für das Lernen erwecken. Das, was wir tatsächlich machen können, ist eine sanfte Schulrevolution „von unten" – in dem Umfeld, das wir direkt beeinflussen können! Und das Prinzip „Stärken stärken" wird dabei eine revolutionäre Hauptrolle spielen. Diesen Weg können wir mithilfe dieses Buches beschreiten: von Kind zu Kind, von Klasse zu Klasse, von Schule zu Schule.

Ich bin kein Bildungstheoretiker. Ich bin ein Manager, der eine internationale Schule in St. Gilgen am Wolfgangsee in Österreich betreibt – ehrenamtlich und gemeinsam mit anderen engagierten Eltern. Wir Eltern haben unsere Schule im April 2016 aus einer Insolvenz heraus (um einen Euro) gekauft und zu einer Non-Profit-Organisation gemacht. Heute zählt sie zu den besten Privatschulen Europas, und sie wurde u. a. zweimal mit dem German Brand Award in Gold (in der Kategorie Bildung) prämiert. Etwa ein Drittel unserer Schulkinder können hier mithilfe eines Stipendiums ihr International Baccalaureate (IB) machen – aber ich wünsche mir, dass so viel mehr Kinder diese exzellente Schulbildung genießen könnten!

Anhand von sieben Schritten will dieses Buch dazu ermuntern, mehr und mehr Klassenzimmer und Schulen (öffentliche wie private) zu Leuchttürmen der Bildung zu machen. Entscheidend sind dafür Leidenschaft, Leadership und Durchhaltevermögen – und nicht Lehrpläne oder Budgets. Und wenn man dabei Schmetterlinge im Bauch spürt – ähnlich wie beim Verliebtsein –, dann kann man damit gar nicht scheitern! Ich habe mich für diesen Weg anstelle meiner langjährigen Position als „Global Head of Marketing and Sales“ bei Red Bull entschieden – und diesen Schritt keine Minute bereut. Denn welche sinnvollere Aufgabe kann es geben, als den Talenten von Kindern Flügel zu verleihen?

LEUCHTTÜRME DER BILDUNG
RAGEN AUS EINEM MEER
DER MITTELMÄSSIGKEIT HERAUS.
SIE MÜSSEN STÜRMEN UND ANDEREN
WIDRIGKEITEN DIE STIRN BIETEN,
DAMIT SIE DIE TALENTE DER
SCHULKINDER ANS LICHT BRINGEN.
LEUCHTTÜRME DER BILDUNG
MÜSSEN NICHT UNBEDINGT
GEBÄUDE SEIN, DENN SIE SIND
NICHT NUR AUF SCHULEN UND
KLASSENZIMMER BESCHRÄNKT.
LEUCHTTÜRME DER BILDUNG
SIND AUCH MENSCHEN AUS FLEISCH
UND BLUT. MENSCHEN, DIE ALS
ELTERN UND PÄDAGOG*INNEN
DIE STÄRKEN VON KINDERN
FÖRDERN UND IHRE ZUKUNFT
ZUM STRAHLEN BRINGEN WOLLEN.
MENSCHEN WIE SIE.

DAS „BILDUNGSWUNDER“ VON ST. GILGEN

Ich bin ein Manager, der seine hochangesehene Position in der Vorstandsetage des Red Bull-Konzerns für ein ehrenamtliches Engagement an einer kleinen Schule eingetauscht hat. Sehr clever bin ich also nicht. Vielleicht können Sie mich aber ein wenig verstehen, wenn ich Ihnen erzählen darf, wie es dazu kam:

Im April 2016 informierten mich die beiden Vertreter des Elternvereins der Schule meiner Kinder - Gert Fahrnberger und Christian Dreyer -, dass unsere Internationale Schule in St. Gilgen (StGIS) insolvent sei. Der Eigentümer - ein Investmentfonds - würde mit der Schule kein Geld verdienen und habe sich daher entschieden, die StGIS mitten im Schuljahr zu schließen. Da die beiden wussten, dass ich als langjähriger Red Bull-Manager direkt an den Firmengründer und CEO berichtete, verliehen sie der Hoffnung Ausdruck, ob nicht Red Bull die Schule retten könnte.

Diese völlig überraschende Nachricht löste zweierlei Gefühle in mir aus: auf der einen Seite Bestürzung! Meine Frau und ich hatten die Schule in St. Gilgen am Wolfgangsee in der Nähe von Salzburg liebgewonnen und konnten uns keinen besseren Ort für unsere Kinder vorstellen. Zudem stand unser Sohn unmittelbar vor den IB-Prüfungen, dem International Baccalaureate. Wo würden er und seine Mitschüler*innen ihren Schulabschluss machen? Auf der anderen Seite löste die Aussicht, mich für diese Schule zu engagieren, ein überwältigendes Gefühl der Sinnhaftigkeit aus. Ich spürte ganz intensiv den Flügelschlag von Schmetterlingen im Bauch! Dabei bin ich erblich vorbelastet: Meine liebe Mutter hatte als pensionierte Volksschullehrerin im hohen Alter ein Schulprojekt in Nimo/Nigeria mitgegründet, für das sie gemeinsam mit meinem afrikanischen Bruder Fabian den Grundstein gelegt hatte. Dieses Projekt war ihr in den letzten

Lebensjahren eine Herzensangelegenheit geworden. Noch in ihren letzten Tagen hatte sie mich gemahnt: „Tue Gutes!“ Sollte das Schulprojekt in St. Gilgen nun für mich eine ebensolche Herzensangelegenheit werden?

Da nur wenige Tage Zeit blieben, bevor der bestellte Insolvenzverwalter die Schule endgültig schließen würde, arbeitete ich mehrere Nächte an der Erstellung eines zehnjährigen Businessplanes, der eine mögliche Übernahme durch Red Bull rechtfertigen könnte. Großartige Unterstützung erhielt ich dabei von Gert und Christian, mit denen mich seither eine vertrauensvolle Freundschaft verbindet, von zwei erfahrenen Red Bull-Kollegen sowie natürlich von meiner wundervollen Frau Angelika, die selbst ausgebildete Pädagogin ist. Zum letztmöglichen Moment – unmittelbar vor der offiziellen Schließung der Schule – luden wir alle Beteiligten in die Schule, um in letzter Sekunde einen Ausweg zu finden. So kamen über zweihundert Personen zusammen: hauptsächlich Lehrer*innen und Angestellte der Schule, Eltern und Schulkinder. Aber auch der Bürgermeister und der Insolvenzverwalter hatten sich eingefunden, und sogar ein Journalist der *Salzburger Nachrichten* hatte sich dazugeschmuggelt. Sie alle einte die Hoffnung, dass die Schule doch noch gerettet werden könnte. Und mir viel die Aufgabe zu, die Entscheidung von Red Bull zu übermitteln. Mit folgenden Worten wandte ich mich an die Versammelten:

> *„Liebe Schulgemeinde, ich komme mit einer schlechten Nachricht. Red Bull wird unsere Schule nicht übernehmen. Ich habe aber auch eine gute Nachricht. Wir haben gemeinsam mit Spezialisten von Red Bull einen Businessplan erarbeitet, der unsere Schule retten kann, wenn wir als Schulge-*

meinde daran glauben und gemeinsam daran arbeiten. Bevor ich darauf näher eingehe, möchte ich aber als Vater zu Ihnen sprechen:

Als vor sechs Jahren meine Frau und ich mit unseren Kindern zum ersten Mal die St. Gilgen International School besuchten, kam uns ein Zeichenlehrer entgegen. Er war völlig durchnässt und versuchte, einen Stapel Zeichnungen unter seiner Jacke vor dem strömenden Regen zu schützen. Wir fragten ihn, wo er denn herkäme. Er erzählte uns, dass er mit seiner Zeichenklasse in Kanus zu einer Bucht über den See gepaddelt sei, weil dort das Licht so einzigartig strahle. Auf der Rückfahrt seien sie dann leider von einem Wolkenbruch überrascht worden. Das war der Moment, in dem wir uns in diese Schule verliebt haben. Ein Zeichenlehrer, der so leidenschaftlich unterrichtet, dass er mit den Kindern zu einer idyllischen Bucht paddelt? Genau so einer Schule wollten wir unsere Kinder anvertrauen!

Ich bin mir sicher, dass Sie alle – Eltern, Schüler und Lehrer – einen solchen magischen Moment hatten, in dem Sie sich in diese kleine Schule verliebten. Und jetzt finden wir uns in einer Situation, in der sich das Tor zu unserer Schule nie wieder öffnen könnte. Ich bin mir sicher, viele von Ihnen haben in den letzten Tagen – so wie wir – in Österreich, Deutschland, England oder einem anderen Land hektisch eine neue Schule für ihre Kinder gesucht. Und ich bin mir ebenso sicher, dass Sie – so wie wir – keine gefunden haben, die mit unserer St. Gilgen International School vergleichbar wäre. Manchmal versteht man den Wert einer Sache erst dann so richtig, wenn man Gefahr läuft, sie zu verlieren. Und ich kann einfach nicht glauben, dass sich das Tor zu unserer Schule nie wieder für eine lachende Kinderschar öffnen wird.

Hier ist der Plan: Wir können mit Spenden von Ihnen, den Eltern unserer Schüler, eine Privatstiftung gründen, die unsere Schule übernimmt und sie als Non-Profit-Organisation betreibt. Mit einer leichten Senkung der Schulgebühren und professionellem Management werden wir die Schülerzahl auf über zweihundert verdoppeln, womit die Schule keine Verluste mehr machen wird. Und mit Ihrer Hilfe als Investoren können wir die Immobilien der Schule übernehmen, um den viel zu teuren Mietvertrag zu beenden. Wir können Ihnen dafür keine hohe Rendite versprechen, aber es wird immer noch mehr sein als das, was man auf der Bank dafür bekommt.

Das Wichtigste aber ist: Wir können nicht nur diese Schule retten, sondern gemeinsam mit unseren einzigartigen Lehrerinnen und Lehrern einen Leuchtturm der Bildung erschaffen, in dem noch viele Generationen von Schulkindern ihre Talente entdecken und entwickeln können. Und wo sie eine lebenslange Liebe zum Lernen erfahren werden. Ich selbst glaube so sehr an diesen Plan und an unsere Schule, dass wir als Familie einen Teil unserer Ersparnisse darin investieren werden. Und ich biete an, zumindest drei Jahre lang ehrenamtlich die Geschäftsführung der Schule zu übernehmen. Wir können nicht auf morgen warten, sonst schließen die Tore unserer Schule für immer. Bitte sprechen Sie noch heute mit mir oder einem Vertreter des Elternvereins. Ich danke Ihnen."

Dies war nicht gerade die professionellste Rede, die ich als Manager je gehalten hatte. Denn mir versagte beim Gedanken an das Schließen der Schultore vorübergehend die Stimme. Alle Zuhörer*innen bekamen mit, wie ich mit den Tränen kämpfte. Vielleicht war es aber gerade die Echtheit meiner Emotionen, mit der ich in die Gefühlswelt der Versammelten eindringen und sofortige Reaktionen auslösen konnte.

Was dann geschah? Das „Bildungswunder von St. Gilgen", wie die Rettung der Schule danach in österreichischen und deutschen Medienberichten genannt worden ist. Erst kam ein mir unbekannter Vater auf mich zu und fragte, was er tun könnte. Dann gesellte sich ein Ehepaar zu uns und meinte: „Wir können helfen." Ein weiterer wollte mir gleich Geldscheine mit den Worten zustecken: „Das ist alles, was ich bei mir habe – und morgen erfahren Sie, was wir sonst noch beitragen können." Noch am selben Abend bekamen wir genügend Zusagen von Eltern, um die Privatstiftung gründen und die Schule übernehmen zu können. Elf Personen beteiligten sich mit großzügigen Spenden an der Gründung der Stiftung, wobei eine noble Familie aus Deutschland, die in vornehmer Zurückhaltung nicht genannt werden will, den größten Teil der finanziellen Zuwendungen übernahm. Und so gut wie alle Eltern waren bereit, auf die angebotene Schulgeldreduzierung im ersten Jahr zu verzichten, um den finanziellen Neustart zu unterstützen.

Die Schule war also fürs Erste gerettet. Und zwar ausschließlich von engagierten Eltern, also ohne einen Euro aus öffentlicher Hand und ohne Bankdarlehen. In Anlehnung an den Begriff „Management-Buy-out" können wir hier vielleicht vom ersten „Parent-Buy-out" der Bildungsgeschichte sprechen. Aber würden wir es tatsächlich schaffen, die St. Gilgen International School zu einem Leuchtturm der Bildung zu machen, der den Weg zu exzellenter Schulbildung auch für andere Bildungseinrichtungen vorgeben kann? Und was können wir in Zukunft dazu beitragen, dass nicht nur die wenigen Kinder an dieser Schule, sondern so viele Kinder wie irgendwie möglich in Schulen gehen dürfen, in denen sie eine lebenslange Liebe für das Lernen entwickeln können?

Sechs Jahre nach diesem „Parent-Buy-out" besuchen 225 Schüler*innen aus 35 Ländern die St. Gilgen International School. Fast ein Drittel von ihnen, deren Eltern sich die Schulgebühren nicht leisten können, werden mit Stipendien unterstützt. Die Absolvent*innen der StGIS studieren mittlerweile an Orten wie San Francisco, Stanford, Harvard, New York, Oxford, London, Berlin, Wien oder anderen renommierten Universitäten. Manche verfolgen auch Karrieren als Schauspieler*innen, Musiker*innen oder Profisportler*innen - je nachdem, welche Talente sie an ihrer Schule in St. Gilgen entdeckt haben. Unsere StGIS ist noch lange nicht perfekt, aber alle Absolvent*innen sind sich ihrer Stärken bewusst und wissen, dass sie alles erreichen können, was sie wirklich wollen.

Dieses „Bildungswunder von St. Gilgen" ist kein Wunder. Es basiert auf dem Grundgerüst einer existierenden Schule, dem von Menschen mit der Überzeugung „Every child has talent!" - „Jedes Kind hat Talent!" - eine Seele eingehaucht worden ist. Und es ist reproduzierbar. Mit sieben Schritten, die man an jeder Schule, in jeder Klasse gehen kann. Denn dafür sind nicht Budgets und Lehrpläne entscheidend, sondern vor allem Leidenschaft, Leadership und Durchhaltevermögen! Und die Bereitschaft, bisherige

Denkweisen und Schulsysteme infrage zu stellen, um einer sanften Schulrevolution eine Chance zu geben. Zum Wohle unserer Kinder. Und mit Schmetterlingen im Bauch.

SCHRITT

JEDES KIND HAT TALENT!

DAS STÄRKEN VON STÄRKEN ALS REVOLUTIONÄRES GRUNDPRINZIP

EIN KLEINES EXPERIMENT

Wie schnell können Sie lesen?

In einem von der globalen Beratungsfirma Gallup seit vielen Jahren zitierten Experiment[1] schafften durchschnittlich gute Leser*innen im Alter der zehnten Schulstufe ca. 90 Wörter pro Minute. Wenn Sie die ersten beiden Absätze dieses Kapitels in einer Minute durchlesen, gehören Sie zu dieser Gruppe durchschnittlicher Leser*innen. Die Lesegeschwindigkeit konnte im Experiment allerdings infolge eines Schnelllese-Kurses um durchschnittlich 67 Prozent auf ca. 150 Wörter pro Minute gesteigert werden – also bis ans Ende des dritten Absatzes.

Stellen Sie sich nun eine Gruppe von Schüler*innen derselben Schulstufe vor, die im Schnitt sogar dreihundert Wörter in der Minute lesen konnten. Schnelles Lesen zählte also zu den Stärken dieser Kinder. Im besagten Experiment absolvierte nun diese Gruppe denselben Schnelllese-Kurs. Was meinen Sie – hat sich ihre Lesegeschwindigkeit ebenfalls verbessert? Und wenn ja, um einen höheren oder geringeren Prozentsatz?

Hier ist die Antwort: In dieser Gruppe von Schüler*innen stieg die Fähigkeit auf fast das Zehnfache – auf ca. 2.900 Wörter pro Minute (was uns von dieser Stelle über die Seite 30 dieses Buches hinauskatapultieren würde)! Und es ist dabei gut vorstellbar, dass dieser Gruppe der Kurs auch viel mehr Spaß machte.

Auch wenn dieses Experiment nicht auf alle Fähigkeiten gleich anwendbar ist, so sind zwei grundsätzliche Erkenntnisse daraus so erstaunlich wie allgemeingültig. Erstens: Den Fähigkeiten unseres Gehirns sind kaum Grenzen gesetzt. Und zweitens: Wenn man etwas trainiert, wofür man Talent besitzt - also seine Stärken stärkt -, kann man diese Fähigkeit wesentlich stärker verbessern als jene, für die man weniger Talent besitzt. Und man hat auch viel mehr Spaß dabei!

STÄRKEN STÄRKEN – IN DER WIRTSCHAFT

Aus dieser Erkenntnis des Stärken-Stärkens hat die besagte Firma Gallup ein Instrument entwickelt, um spezielle Stärken von Menschen entdecken zu helfen - den „Clifton Strengths Finder". Heute wenden laut ihrer Homepage 90 Prozent der Fortune-500-Firmen das Prinzip „Stärken stärken" erfolgreich an. Die von Don Clifton erfundene Formel „Talent x Investition = Stärke" steht für Gallup im Mittelpunkt der stärkenbasierten Personalentwicklung. Und erfolgreich angewandt wird sie von immer mehr Firmen, indem diese mithilfe des Tests die relevanten Stärken von Mitarbeitenden herauszufinden helfen, diese ihren Stärken gemäß einsetzen und sie sogar auf Trainings in den Bereichen schicken, in denen ihre Stärken liegen.

Der Schweizer Student Joel Mattli hat sich in seiner außergewöhnlichen Masterarbeit mit dem Titel „Stärken stärken als Führungsprinzip" mit der Thematik intensiv auseinandergesetzt. Ich durfte seine Arbeit im Sommersemester 2021 im Programm „Master in General Management" an der Hochschule St. Gallen (CH) betreuen. Dafür hat er qualitative Interviews mit anerkannten Experten aus den Bereichen Wirtschaft, Neurowissenschaft, Psychologie und Leistungssport geführt. Dazu zählten beispielsweise Matthias Keller (CEO der Firma UMB, die in den letzten Jahren immer wieder als beste Arbeitgeberin der Schweiz gekürt wurde), Lutz Jäncke (häufig zitierter Neuropsychologe und kognitiver Neurowissenschaftler), der Sportpsychologe Jörg Wetzel sowie die Profisportler Stephon Tuitt (NFL), Natascha Badmann (Triathlon) und Martin Andermatt (Fußballprofi und -trainer). Auch wenn diese Interviewpartner in völlig unterschiedlichen Bereichen tätig sind, so herrscht doch bei folgenden Kernaussagen völlige Einigkeit:

- Sie alle setzen „Stärken stärken" als Führungsprinzip ein, weil es zu deutlich besseren Leistungen und höherer emotionaler Bindung ihrer Mitarbeitenden und Teammitglieder führt. Konkret wurde ein prozentualer Fokus von 80 Prozent auf die Stärken empfohlen.
- Die Umsetzung von „Stärken stärken" als Führungsprinzip ist nicht einfach und braucht enorm viel Durchhaltevermögen.
- Sie alle bedauern, dass das Prinzip „Stärken stärken" in der Erziehung und im Schulsystem zu kurz kommt.

Joel Mattli hat zudem ein Trainingsplan-Muster erstellt, das Führungskräften bei der konsequenten Anwendung des Prinzips „Stärken stärken" unterstützt. Die komplette wissenschaftliche Arbeit ist inklusive Trainingsplan-Muster auf meiner Homepage *www.manfredhueckel.com* kostenlos abrufbar (unter der Rubrik „Publikationen").

Auch die global erfolgreiche Getränkefirma Red Bull schwört auf das Prinzip „Stärken stärken" und hat einen eigenen Persönlichkeitstest zur Stärkenfindung entwickelt – den „Wingfinder". Dieser ist auf der Red Bull-Homepage zu finden und dauert rund 35 Minuten.[2] Auch andere Tests wie der „High5test" sind mittlerweile kostenlos verfügbar und können Menschen beim Erkennen eigener Stärken helfen. Solch einen Test kann man ruhig einmal machen – und wird in den meisten Fällen ohnehin in dem bestärkt, was man schon über sich erfahren hat. Denn viel wertvoller als ein Testergebnis ist zweifelsohne das, was einem Freunde, Familienmitglieder, Pädagog*innen oder Mentor*innen über die eigenen Stärken erzählen können – wenn sie das denn wollen. Denn es ist ein rares Geschenk, wenn man positives Feedback zu den eigenen Stärken bekommen kann.

Ein Mitarbeiter der Consulting-Firma McKinsey erzählte mir unlängst davon, wie firmenintern stärkenfokussiertes Feedback-Geben nach anfänglichen Widerständen erfolgreich umgesetzt wurde. Dabei geben erfahrenere McKinsey-Berater ihren Kolleg*innen regelmäßig Feedback, das überwiegend positiv und auf individuelle Stärken aufgebaut ist. Sie sind überzeugt, dass dadurch die Lernfähigkeit und Leistung ihrer Mitarbeitenden entscheidend verbessert werden kann. Sie versuchen auch, das Konzept des „Strengths-based Feedback" den von ihnen beratenen Kunden nahezulegen. Bei der Umsetzung in großen, traditionell geführten Firmen – wie zum Beispiel bei einem großen Autokonzern – tun sie sich allerdings schwer. Dort steht einer modernen Feedback-Kultur halt doch noch eine gewisse Voreingenommenheit entgegen, die man auf Wienerisch mit „Net g'schimpft is eh a g'lobt" umschreiben könnte. Als Lob müsse also genügen, wenn man die Mitarbeiter mal nicht tadelt.

Dennoch kann man davon ausgehen, dass sich das Prinzip „Stärken stärken" in modernen Wirtschaftsbetrieben mehr und mehr durchsetzt – denn der Erfolg gibt ihm recht!. Dabei gibt es auch zahlreiche Vorbilder aus einem anderen Gebiet, mit dem sich erfolgreiche Betriebe gerne vergleichen – dem Spitzensport.

STÄRKEN STÄRKEN IM SPITZENSPORT

Stellen Sie sich ein Team der NFL (National Football League) beim Training vor. Glauben Sie, dass das gesamte Team dieselben Trainingsschwerpunkte hat? Überhaupt nicht! Je nach Spielposition werden extrem unterschiedliche Stärken trainiert, um schließlich als Team gemeinsam erfolgreich sein zu können. Stephon Tuitt, der als einer der besten Defensive-Line-Spieler der NFL gilt, bestätigt im Interview mit Joel Mattli, dass die Spieler von Experten genau in den Bewegungen ihrer Spielposition gecoacht werden, und dass diese kleinsten Details im Spiel den Unterschied machen.

Der Kicker konzentriert sich hauptsächlich auf seine Schussgenauigkeit und -weite. Und auch wenn er gelegentlich zum „Tackeln" gegen einen auf ihn zurasenden Angreifer gezwungen ist – und zwar in Fällen, in denen im eigenen Spielzug etwas Gravierendes schiefgelaufen ist –, so würde zu viel Fokus des Trainings auf die Fähigkeit, einen Gegner zu Fall zu bringen, das Team insgesamt schwächen. Und für den bulligen Spieler in der Defensive Line gilt dasselbe: Wenn sein Training auf seine Schwächen wie Laufschnelligkeit oder Schusstechnik fokussiert, wird es wohl nichts mit dem Traum vom Superbowl-Ring für seine Mannschaft.

Ein besonders prominentes Beispiel für das Thema „Stärken stärken" ist Rafael Nadal, einer der besten Tennisspieler aller Zeiten. Wenn er sein Training zu sehr auf seine Schwächen konzentriert hätte, wie z. B. seinen Aufschlag, hätte er es nie an die Spitze der Weltrangliste geschafft. Zum Glück war er auf seiner Heimatinsel Mallorca von einem Trainerstab unter seinem Onkel Toni umgeben, der in erster Linie seine Stärken weiter ausgebaut hat, wie seine Topspin-Grundschläge, seine Beinarbeit und seine mentale Stärke. Diese herausragenden Stärken waren entscheidend dafür, dass er bisher dreizehnmal die French Open in Paris gewinnen konnte – und nicht eine Verbesserung seines eher durchschnittlichen Aufschlags.

Ein anderes leuchtendes Beispiel ist die Schweizer Triathletin und sechsfache Gewinnerin der Ironman-Hawaii-Weltmeisterschaften Natascha Badmann. Sie erzählte mir von ihrer Schwimmschwäche – was ja schon ein gewisses Handicap bei einer Sportart darstellt, die aus Schwimmen, Radfahren und Laufen besteht. Auch in ihrem Fall war es ihr Coach – und späterer Lebenspartner –, der ihre überragende Stärke auf dem Rad erkannte. Er fokussierte das Training darauf, dass sie diese Stärke weiter ausbaute, anstelle sich auf die Verbesserung ihrer Schwimmzeiten zu konzentrieren. Natascha sagte dazu: „Ich wusste, wenn ich nun sehr viel Zeit ins Schwimmen investiere, dann werde ich zwar eine Minute besser, aber wenn ich die gleiche Zeit ins Radfahren investiere, dann werde ich da fünf Minuten besser." Im Wettkampf konnte sie dadurch nicht nur ihren Rückstand vom Schwimmen aufholen, sondern auch solch einen großen Vorsprung auf der Radstrecke herausfahren, dass sie diesen im abschließenden Marathonlauf ins Ziel bringen konnte. Und das sechsmal als Weltmeisterin! Natascha ist berühmt für ihr Lächeln im Zielkanal, das auch unter größten Anstrengungen nicht aus ihrem Gesicht verschwindet, und das Tänzchen, mit dem sie als Siegerin die berühmte Ziellinie auf dem Ali'i Drive in Kona, Hawaii, überquerte.

Auch in anderen Sportarten setzt sich mehr und mehr das individuelle Trainieren der Stärken der einzelnen Spieler*innen durch. Weniger ausgeprägt ist dies zwar in so mancher Fußballmannschaft, in der noch immer die trainingstechnische Sinnlosigkeit des gemeinsamen Rundenlaufens praktiziert wird. Egal, welches Tempo dabei eingeschlagen wird, für die meisten Spieler*innen ist es aufgrund ihrer individuellen läuferischen Fähigkeit und Bereitschaft einfach zu schnell oder zu langsam, um einen sinnvollen Trainingseffekt zu erzielen. Ein Beispiel für eine höchst erfolgreiche Umstellung einer gesamten Mannschaft auf individuelle, stärkenorientierte Trainingspläne kommt hingegen aus der Welt des Jugendhandballs.

Das österreichische Juniorennationalteam – gecoacht von Roland Marouschek und gemanagt von Thomas Menzl – bekam vor ein paar Jahren die große Chance, unter die Flügel des Red Bull Diagnostics and Training Centers (unter Leitung von Dr. Pansold) in Thalgau genommen zu werden. Das besagte Juniorenteam wurde damit die erste Handballmannschaft in Österreich, deren individuelle Trainingspläne auf ebensolchen Diagnostikdaten beruhten und bei der Blutwerte vor jedem Training und Match gemessen wurden, um das jeweilige Training und auch die Spielzeit im Turnier zu optimieren.

Als Ergebnis kam es zu einer Unterbrechung der nationalen Fernsehnachrichtensendung im Frühjahr 2018, in der ORF-Sprecher Armin Wolf verlautbarte, endlich gebe es ein „Neues Cordoba". (Der 3:2-Sieg des österreichischen Fußballnationalteams über Deutschland bei der WM 1978 in Argentinien wird bis heute je nach nationaler Zugehörigkeit als das „Wunder von Cordoba" oder die „Schmach von Cordoba" bezeichnet ...) Denn Österreich hatte soeben die deutsche Handballauswahl im Finale der Schul-WM in Katar besiegt. Und zwar in der Verlängerung. Nach einem kräfteraubenden Turnier mit sieben Spielen in sechs Tagen hatte das Team aus Österreich größere Kraftreserven und mit dieser Stärke über ein Land gewonnen, das über ein Vielfaches an Handballressourcen verfügt. Der „Weltmeistercoach" Roland Marouschek ist davon überzeugt, dass diese für den Ausgang des Finales entscheidende Stärke in erster Linie dem individuellen Ausdauertraining nach der Methode von Dr. Pansold und dem Red Bull Diagnostics and Training Center zu verdanken ist.

Das Vertrauen in das Stärken von Stärken ist aus dem Spitzensport nicht wegzudenken. Denn es sind die Stärken, die den entscheidenden Erfolg bringen – und nicht das Fokussieren auf die Verbesserung von Schwächen. Der deutsche Arzt und Bestsellerautor Eckart von Hirschhausen bringt diese grundlegende Erkenntnis auf den Punkt, indem er in mehreren Publikationen[3] klarstellt: „Verbessert man seine Schwächen, wird man maximal mittelmäßig. Stärkt man seine Stärken, wird man einzigartig." Und Albert Einstein wird folgendes wundervolle Zitat zugeschrieben (auch wenn es nicht eindeutig belegt ist): „Jeder ist begabt! Aber wenn du einen Fisch danach beurteilst, ob er auf einen Baum klettern kann, wird er sein ganzes Leben glauben, dass er dumm ist."

STÄRKEN STÄRKEN – IN DER SCHULE?

Ist das Prinzip „Stärken stärken" in unserem Schulsystem angekommen? Diese Frage habe ich über tausend Studierenden in meinen Lehrveranstaltungen an der Wirtschaftsuniversität Wien, der Handelshochschule Leipzig und der Hochschule St. Gallen gestellt, um sie nach ihren persönlichen Erfahrungen zu fragen.

Die fast einstimmige Antwort: Nö.

Nur wenige hatten das Glück, in ihrer Schullaufbahn einer Mentorin oder einem Mentor zu begegnen, die oder der ihre individuellen Talente entdeckt und sogar gefördert hat. Wenn mir junge Menschen allerdings von dieser seltenen Gunst erzählen, tun sie das stets mit leuchtenden Augen und häufig mit Schmetterlingen im Bauch. Sie alle werden ihren Förderern ewig dankbar sein und sie nie vergessen.

Alle anderen erlebten das Gegenteil: gnadenlose Fokussierung auf ihre Schwächen.

Unsere Familie hatte ein einschneidendes Erlebnis, als unsere Tochter im zarten Alter von neun Jahren eine Mathematikarbeit verhaute. Sie wurde völlig zu Recht negativ beurteilt. Wir nahmen dies zum Anlass, bei einem feinen Essen auf ihren ersten „Fünfer" (die schlechteste Beurteilung im österreichischen Schulsystem) anzustoßen, um unserer Tochter das Gefühl zu vermitteln, dass das jetzt kein Weltuntergang sei.

Am nächsten Tag wurde mir allerdings an der Supermarktkassa unserer Gemeinde kondoliert. Allen Ernstes. „Mein Gott – die Elena – wie furchtbar!" Denn ihr Schicksal schien besiegelt: Sie bekam nun im für die Aufnahme in ein Gymnasium entscheidenden Zeugnis eine mittelmäßige Note in Mathematik. Das hieß für sie, dass ihr damit der Zugang zum öffentlichen Gymnasium ihrer Wahl verwehrt blieb. Und das hieß für uns als Eltern, dass wir uns auf jahrelange Nachhilfeförderung in Mathematik einstellen konnten. So wie unzählige andere Eltern auch. Mehr als 15 Prozent aller Schulkinder erhalten Nachhilfeunterricht, etwa die Hälfte davon in Mathematik. Dafür werden in Österreich über 100 Millionen Euro jährlich ausgegeben, in Deutschland sind es über eine Milliarde Euro.

Kommt Ihnen diese Geschichte bekannt vor? Fast alle unter uns kennen Kinder, die an einer oder mehreren Schwächen in der Schule zu verzweifeln drohen, da sich die gesamte Aufmerksamkeit genau auf diese Schwächen richtet. Ich halte dies für den größten Grundsatzfehler unseres Schulsystems! Denn speziell in den ersten fünfzehn Lebensjahren des Menschen kristallisieren sich dominante neuronale Verbindungen heraus, die als Denk-, Gefühls- oder Verhaltensmuster unser gesamtes Leben beeinflussen!

Das andere einschneidende Erlebnis als Eltern zweier Kinder betraf unseren Sohn Manuel. Er hatte sich nach der Grundschulzeit eine Sport-Mittelschule ausgesucht, für die man eine herausfordernde Aufnahmeprüfung ablegen musste. Dadurch kamen in seiner Klasse außergewöhnlich sportbegabte Kinder zusammen, unter denen er in den Ballsport- und Ausdauersportarten zu den Besten zählte. Auch in Mathematik war er ein „Einser-Schüler" – sodass wir als Eltern zuversichtlich zum ersten Elternsprechtag antanzten, um seinen Klassenvorstand kennenzulernen, der ihn in Sport und Mathematik unterrichtete.

„Der Manuel kann kein Häschen-Hüpf", bekamen wir als Erstes um die Ohren geknallt. Wir lachten zunächst kurz auf, weil wir dies für einen Witz hielten. Es war kein Witz. Es war ein Vorwurf an seine Eltern, wie man nur ein so „starriges" (ungelenkiges) Kind haben konnte. Wir schalteten auf Verteidigungs-Modus um und versuchten uns zu rechtfertigen – er wolle ja schließlich kein Balletttänzer werden ... Es half nichts – er müsse intensiv an seiner Beweglichkeit arbeiten. Das war das Einzige, was wir in diesem fünfminütigen Gespräch über unseren Sohn erfuhren.

Nach dem altbewährten Management-Prinzip „Love it, change it or leave it" („Liebe es, ändere es oder verlasse es") entschlossen wir uns zur Flucht und hatten das große Glück, in St. Gilgen eine internationale Schule zu finden, die genau das Gegenteil unserer bisherigen Erfahrungen versprach. Und wir entschieden ganz bewusst, dass wir für unsere Kinder die finanzielle Belastung der Schulgebühren auf uns nehmen würden – die beste Investition unseres Lebens! Für die Aufnahme an der neuen Schule war es allerdings erforderlich, dass bisherige Lehrer*innen ein kurzes Statement abgaben, worin sie die Stärken unserer Kinder sahen. Das war kein Problem für die Volksschullehrerinnen (Grundschullehrerinnen), die jedes ihrer Kinder in- und auswendig kannten. An Manuels Sport-Mittelschule war allerdings bis auf seine junge Deutschlehrerin niemand vom Lehrkörper daran interessiert.

Unserem ersten Elternsprechtag an der neuen Schule sahen wir mit gemischten Gefühlen entgegen. Das traumatische Erlebnis in der Sport-Mittelschule saß uns noch in den Knochen – auf der anderen Seite waren wir jetzt „zahlende Kunden" und konnten dadurch doch zumindest mit einer respektvollen Behandlung rechnen! Ich erinnere mich daran, dass ich nach jedem einzelnen dieser „Parent-Student-Teacher"-Gespräche, an denen die Schulkinder grundsätzlich auch teilnehmen, mit Tränen der Rührung und des Stolzes kämpfte. Jeder einzelne Lehrer, jede einzelne Lehrerin kannte unsere Kinder so gut, dass sie uns sogar von Stärken erzählten, die uns als Eltern noch gar nicht aufgefallen waren! So wurden wir erstmals auf das Schauspiel-Talent unserer Tochter aufmerksam – das unbedingt gefördert gehörte!

In den Gesprächen bekamen unsere Kinder und wir natürlich auch zu hören, was man für die schulische Leistung verbessern könnte – aber der Schwerpunkt lag eindeutig auf den positiven Beobachtungen der Talente unserer Kinder. Für unsere Tochter hieß das konkret, dass sie zusätzliche Förderung vom Schauspiellehrer der Schule bekam. Dabei zählte sie zu den Besten, wodurch sie immer mehr Selbstbewusstsein entwickelte und auch in den Sprachen immer besser wurde. Und sie ging plötzlich gerne in die Schule, weil sie hier Erfolgserlebnisse hatte! In Mathematik kämpfte sie weiterhin, aber sie schaffte immerhin durchschnittliche Noten in diesem Fach, ohne dass wir jemals externe Nachhilfe in Anspruch nehmen mussten. Für ihren erfolgreichen IB-Abschluss suchte sie sich Mathematik auf der leichtesten Stufe aus und wählte dafür die Prüfungen in Englisch, Deutsch und Schauspiel auf dem schwierigsten Level.

Nach dem IB-Abschluss entschied sich unsere Tochter Elena für eine hervorragende Schauspielschule in Wien, während unser Sohn Manuel ein Wirtschaftsstudium in Innsbruck und San Francisco wählte. So wie alle ihre Schulfreunde, die in den letzten zehn Jahren die StGIS absolviert haben, sind sie sich ihrer Stärken bewusst und überzeugt davon, dass sie alles erreichen können, was sie wirklich wollen.

Wir haben also bei den jungen Menschen, die uns am wichtigsten sind – unseren Kindern –, erlebt, dass das Prinzip „Stärken stärken“ nicht nur in der Wirtschaft und im Sport, sondern speziell auch in der Schulbildung erfolgsentscheidend sein kann!

Nachdem wir gemeinsam mit anderen begeisterten Eltern die Schule übernommen und in eine Non-Profit-Organisation umgewandelt hatten, war es uns ein Anliegen, diese exzellente Schulbildung auch möglichst vielen Kindern zu ermöglichen, deren Eltern sich die Schulgebühren nicht leisten können. Mithilfe von Firmen-Sponsoren schaffen wir es derzeit, dass ca. 30 Prozent der Kinder mit Stipendien unterstützt werden. Und vom Verkaufserlös dieses Buches geht auch ein Teil an den Stipendienfonds der StGIS.

Es ist allerdings ein unerträglicher Umstand, dass dieser Zugang nur so wenigen Kindern offensteht, deren Eltern sich zu einem Schulweg außerhalb des öffentlichen Schulsystems entscheiden – und die es sich auch leisten können. Dabei bin ich überzeugt davon, dass vieles, was bei Kindern der StGIS eine lebenslange Liebe für das Lernen auslöst, an jeder anderen Schule ebenso vermittelbar ist. Der erste Schritt dazu ist das Beherzigen des Prinzips „Stärken stärken". Auch wenn dies nur ein gedanklicher Schritt ist, so stellt er doch eine Revolution gegen Gedankengänge dar, die über Generationen unsere Denkweise bestimmt haben.

STÄRKEN STÄRKEN – EINE REVOLUTIONÄRE DENKWEISE

Wir können die Schwächeorientierung in unserem Schulsystem niemandem persönlich zum Vorwurf machen, da sie ganz tief in unserer Gesellschaft verankert ist. Unser Hirn sucht nach dem Negativen, nach den Schwachstellen – und das hat vielleicht sogar vor sehr langer Zeit zum Überleben unserer Spezies beigetragen.

Stellen Sie sich ein Bild voller Schmetterlinge vor – mit einer großen, haarigen Vogelspinne in der Mitte. Bei Betrachtung dieses Bildes signalisiert unser Hirn: „Uääh – Achtung, Spinne!" Und nicht: „Wie schön – lauter bunte Schmetterlinge!" Dieser automatische Fokus könnte unser Überleben sichern – wenn von der Spinne eine Gefahr für uns ausgehen sollte. Er ist tief in dem verankert, was der Wirtschafts-Nobelpreisträger Daniel Kahneman[4] als „System 1“ unserer Denkweise beschreibt, in dem unbewusst und reflexartig Entscheidungen getroffen werden, ohne das überlegte, aber anstrengende Denken im „System 2“ zu belasten.

Auch die Logarithmen des Internets machen sich diesen Umstand zunutze. Wir wissen, dass sich schlechte Nachrichten um ein Vielfaches schneller im Internet verbreiten als positive. Sie sind für unser Gehirn schlichtweg deutlich attraktiver. Genauso dominieren in allen anderen Medien – von der Zeitung bis zum Fernseher – bei Weitem die „Bad News“. Dabei ist es erfreulich, wenn das deutsche Magazin *stern* dem Thema „Das sind ja mal gute Nachrichten“ regelmäßig eine Seite widmet – wenn sie es schon nicht auf die Titelseite schaffen.

Obwohl viele moderne Studien belegen, dass eine stärkenorientierte Haltung positive Auswirkungen auf unsere Handlungen, Motivation und Potenzialausschöpfung hat, leben wir noch immer in einer klar defizitorientierten Gesellschaft. Machen Sie sich also keine Sorgen, wenn auch Sie zunächst nach dem Negativen, Verbesserungswürdigen in der Betrachtung eines anderen Menschen suchen. Das ist eine reflexartige Reaktion – ähnlich wie beim Knie, das nach vorne ausschlägt, wenn man mit einem kleinen Hammer an die richtige Stelle klopft.

Das heißt aber nicht, dass wir nichts gegen diese negative Grundeinstellung tun können. Der erste Schritt unserer sanften Revolution zugunsten unserer Schulkinder besteht also darin, dass wir dem ersten Impuls nicht nachgeben, etwas Negatives, Schwächeorientiertes über sie zu sagen.

Das ist allerdings verdammt schwer. Defizitorientierung und Mittelmäßigkeit sind elementare Kräfte – fast wie die Schwerkraft. Sie ziehen uns ständig auf den Boden der Tatsachen herunter, und es bedarf sehr vieler Kraft und Disziplin, dagegen anzukämpfen. Auf der anderen Seite: „Gravity sucks!“ (in etwa: „Schwerkraft ist scheiße!“) Das habe ich auf dem T-Shirt eines jungen Skateboarders gelesen – und da steckt einiges an Weisheit dahinter ...

DIE STÄRKE DER VIELSEITIGKEIT

So wie viele andere Eltern haben auch meine Frau und ich versucht, unseren Kindern unterschiedliche Möglichkeiten zu bieten, um ihre Vielseitigkeit zu entdecken. Dazu zählte schon während der Grundschule der Versuch, in der Musikschule unseres Heimatortes ein Musikinstrument ihrer Wahl zu erlernen. Unser Sohn Manuel entschied sich dabei für die Klarinette. Dies hat eine gewisse Tradition in unserer Familie, da sein Großvater mütterlicherseits mehrere Blasinstrumente spielen kann und zudem viele Jahre als Obmann der Blasmusikkapelle Landeck in Tirol vorstand. Nachdem das musikalische Talent meine Frau und mich generationenmäßig übersprungen hatte, beschränkte sich unser Beitrag darauf, Manuel in den Klarinetten-Unterricht in der Musikschule zu bringen. Bis zu dem Tag, der seine musikalische Laufbahn dramatisch verändern sollte.

Es begab sich am Vorspielnachmittag der Musikschule – ein brütend heißer Sommertag –, zu dem extra seine hochmusikalische „Mimi“ (Omi) – meine liebe Mutter – aus Wien angereist war. Das Vorspielen der Musikschüler ist ja an sich schon ein eher qualvolles Ereignis: Man sitzt dicht gedrängt auf unbequemen Stühlen. Und bevor das eigene „hochbegabte“ Kind dazu kommt, dem um schwer verdientes Geld angeschafften Musikinstrument (und nicht dem ersten ...) engelsgleiche Töne zu entlocken, ist man gezwungen, den bemühten Darbietungen der anderen Kinder zu lauschen.

Im Vorfeld dieses Vorspielnachmittags wird normalerweise zu Hause brav jenes Stück geübt, das der Musikpädagoge oder die Musikpädagogin aufgegeben hat, in der Hoffnung, sich am großen Tag nicht zu blamieren. Anfangs klingen die Melodien vielleicht noch zaghaft aus dem Kinderzimmer, aber je näher man dem Tag X kommt und je öfter auf dem auserkorenen Instrument geübt wird, desto mehr wachsen die Töne zu einem erkennbaren Ganzen zusammen. Normalerweise. Denn aus Manuels Zimmer drangen gar keine Töne, weder zaghafte noch vollmundige.

Als modern denkendes Elternpaar waren wir weit davon entfernt, unserem Sohn durch Druck die Freude an der Entwicklung seines musikalischen Talents zu nehmen. Die verpflichtende halbe Stunde Klavier hatte ja meine eigene Klavierkarriere jäh zum Stillstand gebracht, sobald ich als Teenager irgendetwas selbst entscheiden konnte. Auf unser gelegentliches Nachfragen, wie denn seine Vorbereitung auf das Vorspielen in der Musikschule so laufe, antwortete Manuel geschickt ausweichend. Und auch die Ankündigung, dass seine betagte Mimi extra aus Wien dafür anreisen würde, brachte ihn nicht aus der Fassung. Uns schwante Fürchterliches.

Als auch in der letzten Woche vor dem Vorspielen keinerlei Töne aus seinem Zimmer kamen – zumindest keine musikalischen –, entschieden wir uns in einer unserer heimlichen Krisensitzungen am Küchentisch zu einem pädagogisch innovativen Vorgehen: Anstatt ihn zum Üben zu drangsalieren, würden wir ihn einfach anrennen lassen. Er sollte die Lektion lernen, dass man nur mit Fleiß und Selbstdisziplin auf einen wichtigen Auftritt hinarbeiten kann und andernfalls die Konsequenzen selbst zu tragen hat. Insgeheim hofften wir allerdings schon, dass er heimlich geübt hatte und uns mit seinem Können beim Vorspielen überraschen wollte.

Am großen Vorspielnachmittag in der Musikschule ist es also brütend heiß. Wir sind schon sehr früh gekommen und können rechtzeitig Sitzplätze für meine Mutter und uns in einer vorderen Reihe ergattern. Noch vor dem ersten Auftritt einer Musikschülerin ist das von fleißigen Müttern vorbereitete Buffet restlos abgeräumt, die in weiser Voraussicht auf den Ausschank alkoholischer Getränke verzichtet haben. Die wenigen angetretenen Väter, durchwegs mit Schweißflecken an ihren kurzärmeligen Hemden, hätten sich sonst wahrscheinlich um ein kaltes Bier geprügelt – und ich auch.

Endlich kommt das erste Kind mit seiner Flöte im Sonntagsgewand auf die Bühne, und sofort stellt sich ein unbehagliches Gefühl ein. Der Körper verlangt auf den viel zu engen Sitzen ständig, dass man seine Position verlagert, ja, er schreit förmlich nach irgendeiner Art von Bewegung. Der Kopf fragt sich verzweifelt, wie man hier nur landen konnte, und signalisiert ständig, dass man nicht bis zum Ende durchhalten könne. Aber man kann, und die anderen Zuhörer auch. Stück für Stück wird abgearbeitet, und obwohl die Mehrzahl der Töne durchaus getroffen werden, stellt sich nur selten eine Form von Musikgenuss ein. Die ganz Fleißigen haben sogar mehr als ein Stück einstudiert, und das wirft die verzweifelten Hochrechnungen für das Ende der Veranstaltung über den Haufen.

Und dann kommt der Moment, wo körperliche und geistige Schmerzen wie weggeblasen sind und der eigene Sohn in seiner kurzen Hose und dem schönen hellblauen Hemd auf die Bühne tritt, die Klarinette unter dem Arm. Jetzt schlägt das Herz bis zum Hals hinauf, Tränen der Rührung steigen in die Augen, das eigene Kind ganz allein da oben, vor so vielen Menschen, das man ja vor allem Unheil der Welt beschützen will, und man eigentlich nur zu dem Zweck auf der Welt ist und atmet, dass es glücklich ist! Dazu mischen sich Zweifel. Kann er das überhaupt, er ist ja noch so klein? Aber da ist auch Hoffnung, die anderen Kinder haben ja auch nicht ganz fehlerfrei gespielt, es wird schon gutgehen.

Manuel verbeugt sich tief, nickt seinem Musiklehrer kurz zu, setzt die Klarinette professionell an die Lippen und beginnt zu spielen. Er spielt laut, schwungvoll und – unfassbar falsch. Ich glaube, es handelt sich um die Melodie von *Wickie und die starken Männer*, es könnte aber auch ein Stück Volksmusik sein, man kann es nicht erkennen. Die Finger meiner wunderschönen Frau krallen sich in meinen Unterarm, ansonsten sitzen sämtliche Familienmitglieder wie erstarrt, auch seine Mimi. Wortlos haben wir uns in dieser Krisensituation darauf abgestimmt, bewegungslos das Ende abzuwarten und uns keinesfalls zu erkennen zu geben. Die Augen des Musiklehrers sind vor Entsetzen geweitet, und seine dicken Brillengläser verstärken den Ausdruck auch noch. Kein Zuschauer macht auch nur ein Geräusch, das die schrecklichen Töne aus Manuels Klarinette gnädig überdecken könnte. Meine Frau zieht ihre Fingernägel wieder aus meinem Fleisch, ich schwitze furchtbar. Und Manuel spielt sein Stück genauso laut, schwungvoll und falsch fertig, wie er es begonnen hat.

Nachdem die letzten Töne seine Klarinette endlich verlassen haben, verbeugt er sich mit unbewegtem Gesichtsausdruck wieder tief vor dem sprachlosen Publikum und geht ab. Der Applaus ist verhalten. Jedem Zeugen dieses Auftritts ist klar, dass Manuel dieses Musikinstrument nie wieder anrühren wird. Nicht er, sondern wir haben unsere Lektion gelernt. Das Erlernen eines Musikinstruments war unser Wunschdenken, nicht seins. Manuel geht neuen Abenteuern entgegen.

Wir sind weiterhin überzeugt, dass Kinder möglichst viele Dinge ausprobieren sollen – und in einem späteren Kapitel gehen wir genauer auf die Bedeutung von außerschulischen Aktivitäten für die Entwicklung von Durchhaltevermögen ein. Es gibt aber die Momente, wo man auch einmal loslassen muss, damit sich die Kinder auf die Dinge konzentrieren können, die sie freiwillig und gerne weiterverfolgen wollen. Positive Motivation und Aufmerksamkeit der Eltern helfen dabei ungemein – aber bitte kein Zwang! Denn dann hören die Kinder mit Garantie damit auf, sobald sie selbst die Entscheidung treffen dürfen.

Und besteht mit der Fokussierung auf Stärken nicht die Gefahr, dass wir in einer Gesellschaft voller „Fachtrottel" landen, in der niemand mehr den Überblick über ein großes Ganzes bewahren kann? Keinesfalls – denn Vielseitigkeit ist eine durchaus häufige Stärke, die man auch bewusst weiterentwickeln kann. Es ist wunderbar, wenn sich ein Kind für mehrere Dinge interessiert und sich darin vertiefen will. Es darf nur nicht dazu führen, dass man sich verzettelt, indem man zu viele Dinge beginnt, aber nichts davon über einen längeren Zeitraum weiterverfolgt. Eine solche Vita bringt klare Nachteile in einem Bewerbungsgespräch in einer Firma, die ja vom Erfolg ihrer Mitarbeitenden profitieren will – und dafür ist ein ausgeprägtes Durchhaltevermögen notwendig.

Auch in der Welt des Spitzensports gibt es Athleten, deren Vielseitigkeit eine entscheidende Stärke ist. Der Olympiasieger und mehrmalige Ironman-Hawaii-Triathlon-Champion Jan Frodeno – mit dem ich mich in meinem Podcast „Leadership mit Schmetterlingen im Bauch“ unterhalten habe[5] – gilt als besonders vielseitiger Triathlet, der in allen drei Disziplinen zu den Besten gehört. Sein Kontrahent Patrick Lange hingegen, der bisher zweimal den Ironman Hawaii gewinnen konnte und ebenfalls zu „Deutschlands Sportler des Jahres“ gewählt wurde, baut auf seine individuelle Stärke, in der brütenden Hitze von Kona auf Hawaii unfassbar schnell den abschließenden Marathon laufen zu können.

Und auch im Fußball gibt es das häufige Phänomen von Spielern, die so vielseitig sind, dass sie in mehreren Positionen eingesetzt werden können. Das kann eine sinnvolle Verstärkung für eine Mannschaft sein. Häufig sitzen sie allerdings auf der Bank und müssen den Stars zusehen, die mit ihren individuellen Stärken brillieren ...

BEISPIELE FÜR STÄRKENORIENTIERTES FEEDBACK

Nach der Herausforderung, eine schwächenorientierte Grundeinstellung zu überwinden, ist die richtige Formulierung des stärkenorientierten Feedbacks mindestens ebenso herausfordernd wie entscheidend. Dabei gibt es nur eine Grundregel: Sie muss ehrlich gemeint, also echt sein!

Vorgespielte Lobhudeleien sind ebenso kontraproduktiv wie inflationäre Anhäufungen nichtssagender Allgemeinplätze wie „Toll gemacht!“, „Du bist der/die Beste“ oder „Alles super!“. Die Empfänger dieser gut gemeinten Nachrichten werden höchstens taub gegenüber dem wirklich wertvollen, stärkenorientierten Feedback.

Gleichzeitig bietet ein stärkenorientiertes Gespräch auch die Gelegenheit, eine notwendige Verhaltensänderung anzusprechen. Das tut man am besten, indem man mit einem ehrlichen, positiven Thema beginnt – damit stellt man das Gehirn des Gesprächspartners auf Empfang. Danach kann man den Impuls für eine notwendige Veränderung setzen, bevor man das Gespräch mit einer positiven Zusammenfassung beendet. Diese Vorgehensweise wird von Managern auch als „Sandwich-Taktik" bezeichnet – wobei die versteckte Botschaft das ist, was im Sandwich zwischen den Brothälften steckt. Hier ist ein Beispiel über ein Gespräch, das ich so oder so ähnlich mit einer Schulfreundin von Elena geführt habe:

„Klara (Name geändert), ich hole dich echt gerne in der Früh von zu Hause ab, damit wir mit Elena gemeinsam zur Schule fahren können. Dabei beeindrucken mich deine Pünktlichkeit und Zuverlässigkeit – nach dir könnte man tatsächlich seine Uhr stellen. Du bist immer rechtzeitig bereit – auch wenn wir selbst manchmal zu spät dran sind, wofür ich mich entschuldigen möchte.

Wenn du dann zu uns ins Auto steigst, beginnst du oft darüber zu reden, was du am kommenden Tag so alles nicht magst. Gestern hast du dich darüber beschwert, dass dir das Schulessen nicht schmeckt, dass du Mathematik hasst und dass dir das Wetter auf die Nerven geht. Ich fühle mich dann irgendwie schuldig für die Misere. Ich verstehe schon, dass man nicht immer gut drauf sein kann – aber jeder Tag hat doch auch viel Schönes zu bieten.

Was hältst du davon, wenn wir das ‚Raunzen' im Auto in Zukunft auf den Montag beschränken? Da bin ich auch nicht immer gut gelaunt, und das können wir dazu nutzen, um ein paar negative Dinge im Auto loszuwerden. Den Rest der Woche versuchen wir dann, uns auf die schönen Dinge des Tages zu konzentrieren. Und dazu gehört für mich, mit euch in der Früh in die Schule zu fahren."

Nach diesem Gespräch hatte ich den Eindruck, Klara fühlte sich respektvoll behandelt und ernst genommen. Ein paarmal mussten wir noch sagen: „Hallo – heute ist nicht Montag, da wird im Auto nicht geraunzt." Bald schon konnten wir sie aber erinnern, dass heute Montag war und wir alle raunzen könnten, wenn wir wollten ...

Zu den schwierigsten Übungen zählen ernsthafte Gespräche mit den eigenen Kindern, in denen man sie ihrer Stärken versichern will. Jetzt gerade geht mir folgendes durch den Kopf, wenn ich an die beiden denke – und zwar ganz ohne versteckte Botschaft:

„Manuel, ich habe dich ganz fest lieb, egal, ob du gerade einen Erfolgslauf hast oder mit einer Pechsträhne kämpfst. Und deine sportliche Pechsträhne war jetzt schon ganz schön lange, nachdem du an beiden Hüften operiert wurdest und zwei Jahre nicht deinen geliebten Triathlon-Sport betreiben konntest.

Was mich in dieser Zeit am meisten beeindruckt hat, ist dein Durchhaltevermögen. Du hast immer an dein Comeback geglaubt, auch wenn andere Triathleten deines Alters große Leistungssprünge machten, während du in der Reha geschuftet hast. Aufgeben war trotz deiner gesundheitlichen Rückschläge nie ein Thema für dich, und deine Freunde beschwören, dass sie noch nie so einen witzigen Typen mit Krücken gesehen haben. Unsere Freude über deinen zweiten Platz in deinem Comeback-Rennen ist riesig! Genauso stolz wären wir aber gewesen, wenn du als Letzter ins Ziel gekommen wärst.

Denn egal, was du in deiner Zukunft anstreben wirst, deine Leidenschaft und dein Durchhaltevermögen werden dir dabei helfen, alles zu erreichen, was dir wirklich wichtig ist. Aber jetzt wird erst einmal dein zweiter Platz gefeiert!"

„Elena, ich habe dich ganz fest lieb, und heute bin ich besonders stolz auf dich. Wir haben dich auf der Bühne des Theaterstücks gesehen und dabei fast nicht wiedererkannt. Du bist so ungeheuer verwandlungsfähig in deinen Theaterrollen, dass man sich gar nicht mehr vorstellen kannst, dass du gerade noch ein Schulmädchen warst.

Ich glaube, es ist dein Einfühlungsvermögen in andere Menschen, das es dir erlaubt, so eins mit deinen Rollen zu werden. Du weißt auch stets, wie es deinen Lieben geht, und bist so mitfühlend, dass du erst kürzlich bei einem Geigensolo in einem Tanzstück in Tränen ausgebrochen bist. Du verfügst über Unmengen von emotionaler Intelligenz, und das wird ein wichtiger Baustein deiner Bühnenkarriere sein - neben deinem komödiantischen Talent. Genauso wie du deine Freunde zum Zerkugeln bringst, so schaffst du es, dein Publikum im Theatersaal zu berauschen. Ernste Schauspieler gibt es viele - aber deine Fähigkeit, Menschen zum Lachen zu bringen, ist einzigartig!

Deine Eltern sind jedenfalls deine größten Fans - und vergiss uns bitte nicht bei der Oscar-Verleihung ..."

Und was macht man, wenn man in einem Kind kein Talent, keinerlei Stärken sieht? Wenn man das Gefühl hat, das Kind sei ein hoffnungsloser Fall, weil es sich für rein gar nichts interessiert?

Diese Frage habe ich Linda und Len Duevel gestellt, die über vierzig Jahre lang gemeinsam eine hervorragende internationale

Schule in Stavanger, Norwegen, leiteten. Len sah mich darauf lange an – so wie der Zauberer Gandalf mit seinen weisen Augen einen kleinen naiven Hobbit anschaut – und antwortete mit donnernder Stimme:

„Wenn du in einem Kind keine Stärken erkennen kannst, musst du viel tiefer danach suchen."

ZUSAMMENFASSUNG DES ERSTEN SCHRITTES: JEDES KIND HAT TALENT!

Unser erster Schritt spielt sich im Kopf ab: die Beherzigung des Prinzips, Stärken zu stärken, anstatt auf Schwächen zu fokussieren. Er ist sanft, aber revolutionär. Denn wir müssen damit eine elementare Kraft überwinden, die unsere gesamte Gesellschaft Richtung Defizitorientierung und Mittelmäßigkeit treibt.

Der Fokus auf Talenten, um sie durch gezielte Arbeit zu Stärken zu machen, hat in der Welt der Wirtschaft und im Leistungssport seinen unaufhaltsamen Siegeszug angetreten. Denn ein Team ist am stärksten, wenn jeder und jede darin seine Stärken ausspielen kann – und nicht alle auf Mittelmäßigkeit gebürstet werden.

Unsere Gesellschaft ist auch ein großes Team, das davon profitiert, dass ihre Mitglieder ihre Stärken zum Einsatz bringen können. Zum Wohle der Einzelnen, aber auch zum Wohle der Allgemeinheit. Sobald wir das verstehen, müssen wir mit Disziplin und Durchhaltevermögen jeden Tag den Kampf annehmen, um Stärken weiter zu stärken und Mittelmäßigkeit zu verweigern.

Beginnen Sie damit, den Menschen, die Ihnen am Herzen liegen, das Geschenk von ehrlichem, stärkenorientiertem Feedback zu machen. Fangen Sie bei Ihren eigenen Kindern an – oder bei anderen Kindern, die Ihnen etwas bedeuten. Denken Sie ernsthaft darüber nach, worin die individuellen Stärken dieses Kindes liegen. Und dann sagen Sie es ihm einfach. Nicht ständig, nicht jeden Tag, aber öfter als bei den halbjährlichen Schulsprechtagen kann es ruhig sein. Zielen Sie auf rund 80 Prozent Stärkenorientierung ab, sodass nur 20 Prozent für diejenigen Dinge bleiben, bei denen eine Veränderung unbedingt notwendig ist.

Sie werden erstaunt sein, wie dankbar dieses Geschenk angenommen wird und wie gut Sie selbst sich dabei fühlen – wie mit Schmetterlingen im Bauch!

SCHRITT

KITZLE NIE EINEN SCHLAFENDEN DRACHEN

WIE JEDE SCHULE IHREN EINZIGARTIGEN LEITZSATZ FINDET

JEDE SCHULE HAT PERSÖNLICHKEIT

Kennen Sie Hogwarts? Diese Schule für Hexerei und Zauberei, die Joanne K. Rowling für Harry Potter, Hermine Granger, Ron Weasley und deren Mitschüler*innen erschaffen hat, ist so zauberhaft wie einzigartig. Im Festsaal fliegen die Eulen über den Köpfen der Kinder, die hier speisen – und bringen hoffentlich keinen „Heuler" als schimpfende Nachricht. In höchst unterschiedlichen Klassenzimmern werden die Schüler*innen seit Jahrhunderten in den Künsten der Magie unterrichtet. Die Stiegen im Treppenhaus ändern ständig ihre Richtung. Und von der Geschichte der Schule geben Direktor Dumbledores Vorgänger in ihren lebhaften Porträtbildern beredtes Zeugnis. Die Überschrift dieses Buchkapitels ist die Übersetzung des lateinischen Schulmottos von Hogwarts: „Draco dormiens nunquam titillandus". Für britische Privatschulen hätte es keine bessere Werbung als die Harry-Potter-Geschichten geben können. Denn zahlreiche Kinder aus aller Welt strömen auch deswegen zu schlossähnlichen Schulhäusern, weil sie darin etwas von der Magie von Hogwarts erleben möchten, die sich so sehr von ihrem eigenen Schulalltag unterscheidet.

Nicht nur Hogwarts, jede Schule ist mehr als nur ein Gebäude. Sie ist auch mehr als die Gemeinschaft der Pädagog*innen, Schulkinder, Eltern und sonstigen Mitglieder der Schulgemeinde, die sie verbindet. Wir dürfen sie als Mitglieder dieser Gemeinschaft über einen Abschnitt ihrer Geschichte begleiten. Wir können sie sogar maßgeblich beeinflussen und für viele nachkommende Jahre prägen. Aber sie wird hoffentlich noch lange weiterexistieren, auch wenn wir einmal die Schulgemeinde verlassen.

Keine Schule gleicht einer anderen. Ich möchte sogar behaupten, dass jede Schule eine individuelle Persönlichkeit hat, die sie einzigartig und unverwechselbar macht. Und als Persönlichkeit braucht sie einen Sinn, ein Warum für ihre Existenz. Im zweiten Schritt dieses Buches geht es darum, wie Direktor*innen, Lehrer*innen, Schulkinder, Eltern und weitere Mitglieder einer Schulgemeinschaft das unverwechselbare Warum einer Schule mitbestimmen können, das weit über die Floskel „Ich tue etwas für die Bildung" hinausgeht. Es ist dieses Warum, das einen Leuchtturm der Bildung zum Strahlen bringt. Das kann einem für die Schule als Ganzes gelingen. Nur wenn dies nicht möglich ist, ist es auch sinnvoll, diesen Schritt nur für einen Teilbereich zu gehen, den man auch tatsächlich beeinflussen kann, wie etwa in einer Abteilung an der Schule oder auch in einer einzelnen Schulklasse. Übrigens sind die sieben Schritte zur Erschaffung von Leuchttürmen der Bildung ebenso auf universitäre oder andere Bildungseinrichtungen anwendbar. In erster Linie möchte ich mich aber auf Schulen von der fünften bis zur zwölften oder dreizehnten Schulstufe konzentrieren, da ich hier den größten Handlungsbedarf sehe.

In den seltenen Fällen, in denen man trotz größtmöglicher Bemühungen kein Warum, keinerlei Sinnhaftigkeit in dem schulischen Umfeld entdecken kann, in dem man wirkt, muss man die einzig richtige Konsequenz ziehen: Dann muss man diesen Ort verlassen, um anderweitig Sinn in seiner Tätigkeit zu finden. Denn kein Engagement ist sinnvoll ohne ein Warum.

ALLES BEGINNT MIT EINEM WARUM

„Wer ein Warum zu leben hat, erträgt fast jedes Wie!" Diese gekürzte Version eines Zitats des Philosophen Friedrich Nietzsche (1844–1900) wurde zum Leitsatz der Logotherapie des weltberühmten Neurologen, Psychiaters und Psychologen Viktor Frankl (1905–1997). Ich hatte als Student das Glück, einen Vortrag von Viktor Frankl in Wien erleben zu dürfen. Sein Werk, das auch aus seinen unmenschlichen Erfahrungen in den Konzentrationslagern der Nazis entstanden ist,[6] hat mich ebenso wie viele andere Menschen auf der ganzen Welt tief berührt. Wir brauchen stets einen Sinn, ein Warum, in dem, was wir tun.

In diesen Kontext passt auch ein Gleichnis von Antoine de Saint-Exupéry (1900–1944), dem Schöpfer des *Kleinen Prinzen*. Saint-Exupéry stellte einmal die Frage, wie man eine Gruppe von Menschen am besten dazu bringt, gemeinsam ein Schiff zu bauen. Während die meisten klugen Leute wohl vorschlagen würden, zunächst die Gruppe zu organisieren und die Arbeitsschritte aufzuteilen, lautet die Antwort von Saint-Exupéry, dass man erst einmal bei jedem Einzelnen die „Sehnsucht nach dem weiten, endlosen Meer“ wecken müsse, indem man darüber spricht, was für ein Gefühl es ist, über das Meer zu gleiten, dabei den Wind in den Haaren zu spüren, das Salz des Meeres auf den Lippen zu schmecken und die Schreie der Seemöwen im Ohr zu haben. Erst wenn alle dieses Warum sehen und spüren, soll man mit den ersten Arbeitsschritten beginnen.

Auch der britisch-amerikanische Autor und Speaker Simon Sinek empfiehlt in seinem Bestseller *Start with Why*,[7] zunächst das Warum eines Unternehmens zu definieren, bevor man sich dem Wie und zuletzt dem Was widmet. Er hat dazu 2009 einen TED Talk aufgenommen, der mit vielen Millionen Views zu den erfolgreichsten TED Talks in der Geschichte von Youtube zählt.[8] Simon

Sinek verwendet einen der inspirierendsten Bürgerrechtler aller Zeiten als Beispiel – Martin Luther King. Dieser hat 1963 in seiner berühmten Rede vor dem Lincoln Memorial in Washington, D. C., mehreren hunderttausend Menschen nicht gesagt, was sie zu tun haben, sondern warum. Er hat ihnen nicht zugerufen: „Ich habe einen Plan!“, sondern: „I have a dream!“

Was ist also dieser Traum, dieses große Warum, das hinter einem Schulprojekt steht? Worum geht es uns eigentlich?

ES GEHT UM DIE KINDER!

Natürlich geht es um die Kinder. Das klingt banal, ist aber keine Selbstverständlichkeit. Noch einmal in aller Klarheit: Bei der Suche nach dem Warum jeder Schule muss es immer um die Kinder gehen. Und nicht um Eltern, Lehrer*innen oder sonstige Mitglieder der Schulgemeinde. Sie sind auch alle wichtig, aber in erster Linie geht es um die Kinder und ihre Zukunft.

Probieren Sie einmal, vor jeder wichtigen Schuldiskussion Fotos von Schulkindern aufzustellen: von Mira und Raphael, von Melisa und Emre, von Maria und Milan. Schauen Sie tief in die Augen der Kinder, deren Zukunft sich an Ihrer Schule mitentscheidet. Diese Übung hilft dabei, sich auf die wesentlichen Dinge zu konzentrieren – und nicht in endlose Diskussionen abzuschweifen, deren Ausgang keinerlei Einfluss auf das Wohlergehen der Kinder haben wird!

Und was ist den Kindern selbst an ihrer Schule wichtig? Der legendäre Harvard-Professor Clayton Christensen (1952–2020) brachte es in einer seiner letzten Publikationen *How will you measure your life?*[9] auf den Punkt – oder besser gesagt auf zwei Punkte:

Einerseits sind es ihre Schulfreunde. Daher haben auch so viele Kinder stark darunter gelitten, als in Pandemiezeiten der Schulzugang beschränkt werden musste. Und andererseits sind es Erfolgserlebnisse an der Schule! Dabei sind jene Erfolge am wertvollsten, die man über einen längeren Zeitraum verfolgt hat und die man trotz Rückschlägen erreichen konnte. Wenn wir unsere Schulkinder auf diesem Weg begleiten und wir ihre Erfolgserlebnisse mit Respekt und Anerkennung belohnen können, haben wir sehr viel richtig gemacht. Fallen Ihnen Erfolgsgeschichten von Kindern in der Schule ein, die Ihnen besonders am Herzen liegen? Wenn ja, ist das bereits ein großer Schritt zum Erkennen des Warum Ihrer Schule!

DIE GESCHICHTEN DER SCHULE

Es gibt eine wundervolle Übung, wie man Unternehmen dabei helfen kann, ihr Warum zu finden. Dabei lädt man die Mitarbeitenden ein, kurze Geschichten über Ereignisse zu erzählen oder aufzuschreiben, die einem nur in dieser Firma und nirgendwo anders passieren könnten. Auch bei Red Bull haben wir einmal solche Geschichten weltweit gesammelt – und die „Ausbeute" war sensationell. Ich durfte auch ein paar Anekdoten dazu beitragen, etwa, wie ich als einer der ersten Manager in den Anfangsjahren bei Red Bull angeheuert habe. Damals hatte mich das Gerücht beeindruckt, bei dieser neuen Getränkefirma zahle der Chef alle Strafzettel! Denn alle hätten so viel zu tun, dass man dafür richtig schnell Auto fahren müsste ... Mich faszinierte daran das Rebellische, Nonkonformistische, was diese junge Firma für mich einzigartig machte. Übrigens hat das Gerücht gar nicht gestimmt –

ich habe alle meine Strafmandate selbst bezahlt, und das waren ganz schön viele ... Aber es hätte stimmen können! Denn zum Charakter dieses Start-ups hätte die Geschichte tatsächlich gut gepasst – speziell in den Anfangszeiten. Ich bin also hauptsächlich wegen dieser Einzigartigkeit zu Red Bull gegangen – und 23 Jahre lang geblieben.

Nach dem Sammeln dieser Geschichten unter Einbindung möglichst aller Mitarbeitenden folgt die Herausforderung, speziell diejenigen Storys herauszufiltern, die eine Firma einzigartig machen. Und von hier ist es nur noch ein kleiner Schritt zum Finden des Warum – auch wenn es noch wochenlang dauern kann. Denn erst wenn die überwiegende Mehrheit der Teilnehmenden überzeugt ist, dass eine bestimmte Wortwahl das Warum einer Firma und damit ihren Sinn perfekt beschreibt – und dabei so etwas wie Schmetterlinge im Bauch auslöst –, hat man den Grundstein für das Entstehen von etwas Außergewöhnlichem gelegt. Das kann dann Vision oder Mission genannt werden – oder auch Purpose, wenn dabei auch der Gedanke des Gemeinwohls eine Rolle spielt. Übrigens täte diese Übung jedem Unternehmen einmal gut. Denn so gut wie jede Organisation spricht heute über ihre Visionen oder Missionen, und fast alle sind bestenfalls mittelmäßig. Ein exzellentes Warum ist nur jenes, das für alle Mitarbeitenden relevant ist und bei ihnen das Gefühl von Schmetterlingsflügeln im Bauch auslöst!

Hier ist also der zweite sanfte Schritt für unsere Schulrevolution, der den Grundstein für die Erschaffung eines Leuchtturms der Bildung legt: Starten Sie einen Aufsatzwettbewerb! Laden Sie alle Mitglieder der Schulgemeinde ein: alle Schüler*innen, Lehrer*innen und auch alle Eltern. Thema: Geschichten von Schüler*innen, die sich nur an dieser Schule ereignen konnten. Länge: maximal eine A4-Seite. Lassen Sie sich dafür kreative Preise und einen außergewöhnlichen Rahmen für die Veröffentlichung der besten Storys einfallen, die von einer Jury ausgewählt werden. In dieser Jury sollten neben der Schuldirektorin oder dem Schuldirektor jeweils Vertreter*innen der Schulkinder, Lehrer*innen und Eltern sitzen. Je mehr bei diesem speziellen Aufsatzwettbewerb mitmachen, desto mehr werden hinter dem Leitsatz der Schule stehen, der daraus entspringt.

Hier ist eine kleine Auswahl an Geschichten, die sich an der StGIS tatsächlich ereignet haben:

Ein Schüler entdeckte an der Schule seine Leidenschaft für Astrofotografie. Dabei wurde er von seinem Physiklehrer gefördert, der ihm über Kontakte in London Zugang zu Bildern des Planeten Uranus ermöglichte, die vom Weltraumteleskop „Chandra“ (NASA) und vom „Very Large Telescope“ (ESA) aufgenommen wurden. Nach wochenlanger Bearbeitung der Bilder konnte der Schüler die Existenz von Röntgenstrahlen auf dem Uranus nachweisen. Dafür wurde er von der NASA in einer Aussendung namentlich gelobt, und auch CNN und FOX News berichteten darüber.

Ein anderes Schulkind hatte es sich schon in jungen Jahren in den Kopf gesetzt, durch Forschungsarbeit an einer amerikanischen Eliteuniversität eine Heilung für HIV zu finden. Jahrelang wurde es von seinem Biologielehrer speziell gefördert, sodass es beim IB-Abschluss die höchste Punktezahl und damit die Aufnahme an die Harvard University erreichte und heute unter anderem an neuartigen HIV-Therapien forscht.

Eine Schülerin aus Syrien verlor im Krieg ihre gesamte Familie mit Ausnahme ihrer Mutter. Von einem Flüchtlingscamp in Jordanien schaffte sie es mit einem Stipendium an die StGIS, wo sie mittlerweile eines der besten Ergebnisse bei den IB-Examen erreichte. Und beim traditionellen Abschlusswalzer auf dem IB-Ball der Schule standen die jungen Männer Schlange, um mit ihr zu tanzen.

Mehrere Schüler*innen entdeckten ihr Schauspieltalent an der StGIS und spielen heute in Netflix-Serien oder Theaterproduktionen. Eine ehemalige Schülerin hat ihr eigenes Theater gegründet. Mehrere Musiker*innen und Sporttalente konnten ihre Leidenschaften an der StGIS verfolgen, um nach dem Schulabschluss Profikarrieren zu starten. Ein Schüler wurde unmittelbar nach seinen IB-Examen zum jüngsten Finisher des Ironman-Triathlon in Klagenfurt, eine Schülerin will die beste Golfspielerin der Welt werden und zählt bereits zu Europas Besten in ihrer Altersklasse, dasselbe gilt für eine Eishockeyspielerin und mehrere Eishockeyspieler, und schließlich zählen aktuelle und ehemalige Schüler*innen zu den besten Jugendlichen ihres Landes in Sportarten wie Reiten, Segeln, Klettern, Fußball, Snowboard, Skifahren, Motorsport oder Schwimmen.

Sie alle haben Geschichten zu erzählen, die sich speziell an der StGIS ereignen konnten – und dabei haben wir noch gar nicht all die wertvollen Erfolgsgeschichten aufgezählt, die soziales Engagement oder Umweltaktionen von Schüler*innen der StGIS beinhalten.

Es müssen aber nicht alle guten Geschichten mit einem klaren Erfolg enden. Eine Schülergruppe um den von der Schule engagierten Bergführer Thomas Kukla hatte sich vorgenommen, die 7 Summits der Alpen zu besteigen, die jeweils höchsten Gipfel der sieben Alpenländer. Thomas stand tatsächlich mit einer Schülergruppe, die monatelang darauf hintrainiert hatte, auf dem Gipfel des Mont Blanc in über 4.800 Metern Höhe. Und als sie sicher an die Schule zurückkehrten, wurden sie von der gesamten Schule mit Standing Ovations gefeiert. Aber alle sieben Gipfel gingen sich in der Zeitspanne, die die Gruppe zur Verfügung hatte, einfach nicht aus. Dennoch zählt auch dieses Vorhaben zu den Geschichten, die die Schule mitgeprägt haben. Einige dieser „StGIS-Storys" haben wir schließlich in einem Buch veröffentlicht. Und dieses Buch mit dem Titel „Path of Excellence"[10] hat dazu beigetragen, dass die StGIS zum zweiten Mal den prestigeträchtigen German Brand Award in Gold (in der Kategorie Bildung) gewinnen konnte.

DEN LEITSATZ DER SCHULE FINDEN

Was macht man nun mit den gesammelten Geschichten, nachdem die besten davon ausgesucht und entsprechend gewürdigt worden sind? Nun, als Nächstes diskutieren die Jurymitglieder - gerne auch in einem erweiterten Diskussionskreis -, warum sie geurteilt haben, dass einige Geschichten besonders gut zur Persönlichkeit dieser einzigartigen Schule passen - und warum sie nur an diesem Ort passieren konnten. Diese Diskussion ist ausgesprochen wertvoll für die Zukunft der Schule, und daher ist es so wichtig, dass Vertreter*innen der gesamten Schulgemeinde darin involviert sind. Niemand darf sich dabei ausgeschlossen fühlen. Falls die Schule bereits einen Leitsatz hat, so ist dies die ideale Gelegenheit, um zu diskutieren, ob die Geschichten zum bestehenden Leitsatz passen. Und ob vielleicht der alte Leitsatz umformuliert oder komplett neu gefunden werden sollte.

Wann immer sich die Gruppe dafür bereit fühlt, ist der Zeitpunkt gekommen, konkrete Vorschläge für das Einfassen der Erkenntnisse in einen Leitsatz zu machen, der das spezielle Warum der Schule zum Wohle ihrer Schulkinder zu beschreiben vermag. Zunächst sollten im Sinne eines fruchtbaren Brainstormings mehrere Vorschläge aufgenommen werden, ohne dass man sie gleich bewertet. Erst in einem weiteren Schritt kann man darüber diskutieren, welche Vorschläge in die engere Wahl kommen und weshalb. Nur selten wird bereits in einer einzigen Zusammenkunft die ideale Wortwahl gefunden. Meistens empfiehlt es sich, ein paarmal darüber zu schlafen, bevor man sich wieder trifft und einen weiteren Versuch unternimmt, den einzigartigen Leitsatz der Schule zu finden. Denn erst wenn die überwiegende Mehrheit der Teilnehmer*innen spürt: „Das ist es!" – und dabei das unverwechselbare Gefühl von Schmetterlingen im Bauch empfindet –, hat man sein Ziel erreicht.

Übrigens kann man sich in der Diskussion von außenstehenden Moderatoren begleiten lassen, die immer wieder das Gesagte zusammenfassen und auf den Punkt bringen, ohne sich in die inhaltliche Diskussion einzumischen. Es gibt auch Agenturen, die sogenannte „Why-Workshops" für Unternehmen anbieten[11], und es ist durchaus empfehlenswert, solch erfahrene Leute in die entscheidende Phase der Leitsatzentwicklung auch in Schulen miteinzubeziehen. Der Prozess erfolgt damit schneller und hat eine höhere Erfolgswahrscheinlichkeit – also ist dies eine Investition, die sich lohnt. Ich bin mehrfach in solchen Leitsatz-Diskussionen gesessen, die von erfahrenen Moderatoren geleitet wurden – und es war in jedem einzelnen Fall trotz mehrstündiger Diskussionen ein inspirierendes Erlebnis!

Hier sind zur Anregung ein paar Beispiele für Leitsätze von Schulen - die man aber keinesfalls imitieren sollte. Denn jede Schule hat sich ihren eigenen, zu ihrer individuellen Persönlichkeit passenden Leitsatz mehr als verdient.

- St. Gilgen International School: *Every child has talent and StGIS will develop it.*
- Sophie-Scholl-Schule in Berlin: *Ideale unserer Namensgeberin Sophie Scholl sind wichtige Werte für unsere Schulgemeinschaft: Zivilcourage, Gewaltlosigkeit, Toleranz, solidarisches Verhalten sowie demokratisches Denken und Handeln.*
- Felsted School in Essex, England: *Garde Ta Foy - Keep your faith* (Bewahre Deinen Glauben). Dieses Schulmotto war auch der Titel eines Buches, das die Felsted School anlässlich ihres 450. Geburtstages herausgegeben hat. Zu den Jubiläumsfeierlichkeiten war sogar die Queen höchstpersönlich angereist.
- Hogwarts: *Draco dormiens nunquam titillandus.*

DIE WICHTIGSTEN WERTE UND DAS VERSPRECHEN AN DIE SCHÜLER

Nachdem der entscheidende Schritt mit dem Finden des Leitsatzes - des Warum - gelungen ist, gilt es nun, die Persönlichkeit der Schule zu vervollständigen - entsprechend dem bereits erwähnten Konzept von Simon Sinek (*Start with Why*) und seinem „Golden Circle“. Das Warum ist im innersten Kreis aufgezeichnet. Schalenförmig umgeben ist dieser von einem mittleren Kreis, in dem das Wie steht, und einem äußersten Kreis mit dem Was. Beim Wie geht es um die wichtigsten Werte der Schulpersönlichkeit. Der Leitsatz der Sophie-Scholl-Schule hat in Anlehnung an ihre heldenhafte Namensgeberin bereits eine Reihe von wichtigen Werten in ihr Leitbild aufgenommen. An der StGIS haben wir uns nach kurzer Diskussion auf folgende drei Werte festgelegt: Leidenschaft, Exzellenz, Integrität. Diese Grundwerte sind für uns unumstößlich. Und ihre Definition hilft uns dabei, schwierige Entscheidungen für unsere Schule zu treffen, Denn sie müssen stets in Einklang mit den Grundwerten ihrer Persönlichkeit stehen – wie z. B. dem Grundwert Exzellenz. Auch wenn wir exzellente Qualität noch nicht in all unseren Angeboten für die Schulkinder erreicht haben, dürfen wir uns niemals mit Mittelmäßigkeit zufriedengeben!

Abgeschlossen wird die Bestimmung der einzigartigen Schulpersönlichkeit mit einem konkreten Versprechen, was die Kinder von ihrer Schule erwarten können. Dieses Was darf niemals dem Warum und den in Stein gemeißelten Werten – dem Wie – widersprechen. Daher muss es als Letztes definiert werden. Und wieder müssen die Kinder im Mittelpunkt stehen – und niemand anderes. Hier führe ich als Beispiel die drei Versprechen der StGIS an ihre Schulkinder an. Und wieder soll dies nur zur Anregung dienen – denn die konkreten Versprechen jeder Schule sind so individuell wie die Kinder, die sie besuchen.

Die drei Versprechen der StGIS sind bildlich in unserem Schulwappen dargestellt:

- 1. Versprechen: *Excellence in Care* (Wohlergehen): So wie der Schwan im unteren Teil des Schulwappens seine Familie beschützt, so kümmern wir uns um jedes einzelne Mitglied unserer Gemeinschaft. Dafür wollen wir eine kleine Schule mit ca. 240 Schüler*innen sein, wo jede/r jede/n kennt. Und das Dorf St. Gilgen bietet als Campus unserer Schule die Sicher-

heit und Gesundheit einer Umgebung, wo andere gerne Urlaub machen.

- 2. Versprechen: *Excellence in Education:* Die Sonne versinnbildlicht den exzellenten Unterricht, den die leidenschaftlichen Lehrer*innen unserer Schule in kleinen Klassen mit durchschnittlich zwölf bis fünfzehn Kindern abhalten. Dadurch können sie auf die individuellen Stärken ihrer Schüler*innen eingehen und eine lebenslange Liebe zum Lernen zum Strahlen bringen.
- 3. Versprechen: *Excellence in Activities:* Der Helm steht für die herausfordernden außerschulischen Aktivitäten, die unsere Schulkinder in einer der schönsten natürlichen Sportarenen der Welt - am Wolfgangsee - ausüben. Dabei können sie „Grit" (Biss) entwickeln, was für ihre akademischen und beruflichen Erfolge entscheidend sein wird.

Damit ist die Bestimmung des Leitsatzes und der Persönlichkeit unserer Schule abgeschlossen. Jeden Tag, wenn wir aufstehen, haben wir ein klares Warum vor Augen. Wir sehen die Sinnhaftigkeit unserer Aufgaben, und wir haben immer wieder das Gefühl von Schmetterlingen im Bauch, wenn wir daran denken, die uns anvertrauten jungen Menschen auf einem Teil ihres Weges zu begleiten. Und mehr als das – meine Frau und ich haben jedes Jahr wieder Tränen in den Augen, wenn wir beim alljährlichen IB-Abschlussball den Reden über die Stärken jeder einzelnen Absolventin und jedes einzelnen Absolventen lauschen, bevor sie in die Welt hinausgehen, um ihren eigenen „Path of Excellence" zu beschreiten.

Allerdings hat das Finden des Leitsatzes der Schule für sich allein keinen Wert, wenn er nicht ständig und unerschütterlich unter den Mitgliedern der Schulgemeinde kommuniziert und vorgelebt wird. Das ist eine Kernaufgabe der Schuldirektion, die wir im nächsten Kapitel beleuchten werden.

ZUSAMMENFASSUNG DES ZWEITEN SCHRITTES: KITZLE NIE EINEN SCHLAFENDEN DRACHEN

Jede Schule hat eine einzigartige Persönlichkeit. Und als Persönlichkeit braucht sie einen Sinn, ein Warum für ihre Existenz. Der zweite Schritt dieses Buches besteht darin, dass wir als Mitglieder einer Schulgemeinschaft das unverwechselbare Warum in der Form eines Leitsatzes der Schule mitbestimmen. Im Mittelpunkt müssen dabei stets die Kinder stehen, die diese Schule besuchen.

Dafür hat sich die Methode eines Aufsatzwettbewerbes bewährt, zu dem alle Schüler*innen, Lehrer*innen und Eltern eingeladen werden. Thema: Geschichten von Schulkindern, die sich nur an dieser Schule ereignen konnten. Aus der Diskussion über die besten Geschichten lässt sich dann der Kern des Warum der Schule ableiten – was sie so einzigartig gegenüber anderen Schulen macht. Aber erst wenn die überwiegende Mehrheit der Mitwirkenden überzeugt ist, dass dieses Warum sogar das Gefühl von Schmetterlingen im Bauch auslöst, kann daraus etwas Außergewöhnliches wie ein Leuchtturm der Bildung entstehen.

Vervollständigt wird die Bestimmung der Persönlichkeit der Schule mit dem Wie – den wichtigsten Werten – und dem Was – dem konkreten Versprechen der Schule an ihre Schüler*innen. Letzteres kann sich auch einmal verändern, wenn neue Prioritäten (wie etwa eine Pandemie ...) dies erfordern. Aber das Warum und das Wie bilden den Kern der Persönlichkeit und müssen dauerhaft vorgelebt und umgesetzt werden – speziell von den Schuldirektor*innen und dem Lehrkörper, aber auch von den sonstigen Mitgliedern der Schulgemeinde. Mit diesen Hauptdarstellern im Epos der Erschaffung eines Leuchtturmes der Bildung werden wir uns nun im Folgenden beschäftigen.

SCHRITT

GESTATTEN, SCHUL-CEO

DIE MODERNE ROLLE DER SCHULLEITUNG

DER JOB, DEN NIEMAND WILL

Meinen Schwager halte ich für einen großartigen Lehrer. Man hört ihm gerne zu, wenn er mit Leidenschaft in seinen Fachgebieten vorträgt - Deutsch und Geschichte. Dabei macht er nicht viel Aufhebens um sein enzyklopädisches Wissen. Viel lieber glänzt er mit Humor und Selbstironie. Ich bin mir sicher, seine Unterrichtsstunden vergehen für die Schulkinder wie im Flug. Er ist bei der Kollegenschaft beliebt, und man hört auf ihn. Wäre er nicht auch ein großartiger Direktor seiner Schule? „Niemals!", wehrt er ab. Ein Grund liegt darin, dass er einfach gerne unterrichtet. Aber noch schwerwiegender ist die Flut von administrativer Tätigkeit, die auf ihn hereinprasseln würde, sobald man ihn zum Schuldirektor beförderte. Und das für nur minimal bessere Bezahlung.

Ich kenne mehrere vergleichbare Fälle, in denen ein hervorragend geeigneter Kandidat oder eine Kandidatin davor zurückschreckt, die Verantwortung für die Leitung einer Schule zu übernehmen. Gleichzeitig halte ich die Aufgabe der Schulleitung für einen der allerwichtigsten Jobs, die man für die Zukunft unserer Gesellschaft haben kann. Kurz gesagt: Die Rolle der Schulleitung ist vielleicht der wichtigste Job des Landes, aber viele der besten Köpfe im Lehrerkollegium wollen ihn nicht haben!

Ich habe als Managing Partner unserer Schule mit mehreren Schuldirektor*innen zusammengearbeitet, und interimsmäßig hatte ich die Aufgabe selbst auch schon inne. Zum Glück nur bis zum Dienstantritt der derzeitigen Direktorin - denn sie macht das wesentlich besser, als ich es jemals vermögen würde. Ich bin zwar ein erfahrener Manager, die jahrelange Expertise im Umgang mit

Pädagog*innen verschiedenster Fachgebiete ist aber ein Schatz, den ich nicht besitze. Ich erinnere mich noch ganz genau daran, wie ich einmal hilflos mit dem kindlichen Gefühlsausbruch einer großartigen Kunstlehrerin überfordert war. Ein erfahrener Sportlehrer nahm mich daraufhin beiseite und meinte, ich solle mir deswegen keine Sorgen machen, denn: „With drama people, there is always drama ..." (in etwa: „Bei Künstlern geht es nicht ohne Drama ...")

In der Zusammenarbeit mit den „Heads of School", wie wir die Direktor*innen der StGIS gendergerecht bezeichnen, bin ich folgenden Deal eingegangen: Sie erklären mir alles, was für die Leitung einer Schule wichtig ist. Und ich teile mit ihnen meine Erfahrung, was Leadership und Management angeht – und auch im Umfeld einer Schule anwendbar ist. Ich habe in meiner bisherigen Karriere zahlreiche Menschen für Führungsaufgaben und Geschäftsführerpositionen ausgebildet und ihre Erfolgsgeschichten über Jahrzehnte begleitet. Auf den folgenden Seiten möchte ich einen Teil meines eigenen Leadership-Erfahrungsschatzes allen Schuldirektor*innen und Lehrer*innen mit Führungsambitionen zur Verfügung stellen. Dabei verfolge ich drei Ziele: Erstens soll Letzteren die Scheu vor dem Schritt zur Führungsverantwortung genommen werden, sodass tatsächlich die besten Köpfe des Landes den Schritt wagen, die Verantwortung für eine Schule mit modernem Leadership zu übernehmen – sozusagen als Schul-CEO. Zweitens sollen sie sich trauen und erfolgreich dabei sein, ihre Schule zu einem Leuchtturm der Bildung zu machen. Und das dritte Ziel besteht darin, dass alle übrigen Mitglieder der Schulgemeinschaft die Herausforderungen eines Schul-CEO besser verstehen und sie oder ihn dabei unterstützen.

DIE ERSTEN TAGE

Stellen Sie sich vor, Sie wurden gerade zur neuen Schuldirektorin oder zum Direktor befördert. Von allen Seiten wird man Ihnen gratulieren oder kondolieren – je nachdem. Sie beziehen Ihr neues Büro, setzen sich auf den quietschenden Drehsessel und schaffen es nach den unvermeidlichen Anlaufschwierigkeiten tatsächlich, sich in den Computer einzuloggen. Geht doch! Ab diesem Moment prasselt es allerdings von allen Seiten auf Sie ein! Hunderte Mails sollen gleichzeitig beantwortet werden, Dutzende dringende Fragen warten auf Ihre Entscheidung und ebenso viele Menschen wollen ein sofortiges Meeting mit Ihnen. Womit wollen Sie anfangen in Ihrer neuen Führungsposition? Damit, den Mitarbeitenden zu sagen, was sie zu tun haben? Und woher sollen Sie das wissen? Und nein, Davonlaufen ist jetzt auch keine Option mehr!

Das Gute an Ihrer neuen Führungsrolle ist, dass sie mit Entscheidungskompetenz ausgestattet ist, und dass Ihnen eine gewisse Einarbeitungszeit zugestanden wird. Nutzen Sie beides, indem Sie gleich einmal selbst den Takt vorgeben, was Sie in den ersten Tagen in die Hand nehmen. Ignorieren Sie zunächst noch Ihre Mails und die Anforderungen Ihrer Mitarbeitenden, und beginnen Sie damit, Gesprächstermine mit den wichtigsten Vertretern der Schulgemeinde auszumachen – und zwar nach Ihrem Terminplan, nicht nach den Befindlichkeiten der anderen. Planen Sie dafür jeweils eine Stunde für folgende Gesprächspartner*innen ein:

- Schülervertreter*innen
- Möglichst viele Gespräche mit Lehrer*innen aus allen Fachgebieten und mit unterschiedlicher Erfahrung

- Vertreter*innen der sonstigen Mitarbeitenden der Schule
- Ehemalige Direktor*innen Ihrer Schule
- Elternvertreter*innen
- Eigentümer: die Vertretung der öffentlichen Hand oder der privaten Eigentümer
- Repräsentant*innen ehemaliger Schüler*innen (Alumni)
- Sonstige wichtige Mitglieder der Schulgemeinde (Gemeinde- oder Bezirksvertretung, Schulsponsoren, Kooperationsvereine, Kirche oder andere Glaubensgemeinschaft, etc.)

Notieren Sie in den Meetings unter anderem die Antworten auf folgende Fragen:

- Auf welche Erfolge bei der Bewältigung ihrer Aufgaben für die Schule sind Ihre Gesprächspartner besonders stolz?
- Was wollen diese hier in den nächsten drei bis fünf Jahren erreichen?
- Was kann die Schuldirektion dazu beitragen?

Antworten Sie noch nicht auf die Fragen zu Ihren eigenen Zielen und Plänen – Sie sind ja noch in der Einarbeitungsphase. Machen Sie keinerlei Versprechungen. Aber werben Sie um die volle Unterstützung von allen für den im vorigen Kapitel beschriebenen Aufsatzwettbewerb: Geschichten über Schulkinder, die sich nur in dieser Schule ereignen konnten. Erklären Sie die Wichtigkeit dieser Übung dafür, einen Leitsatz für die Schule zu definieren (oder diesen zu bestätigen), wobei möglichst alle daran teilhaben sollen. Lassen Sie Ihre Gesprächspartner erst gehen, wenn Sie von ihnen ein überzeugendes „Wir machen mit!“ bekommen haben. Gleichzeitig haben Sie ihnen das Gefühl gegeben, dass ihnen zugehört wird, und dass sie ein wichtiger Teil der Schulgemeinschaft sind. Diese erste Gesprächsrunde ist zeitintensiv und anstrengend.

Aber sie legt den Grundstein für alles Weitere, und das sollte nun so schnell wie möglich in die Wege geleitet werden.

Hier ist eine wichtige Lektion zum Thema Leadership: Modernes Leadership bedeutet nicht, den Leuten zu sagen, was sie zu tun haben – denn sie würden ja schließlich dafür bezahlt. Diese Art von traditionellem Leadership ist zwar noch sehr häufig. Sie führt aber dazu, dass die Mitarbeitenden keinen Sinn in ihrer Arbeit sehen, dadurch an Engagement und Leistung verlieren und sich bei nächster Gelegenheit einen besser bezahlten Job suchen. Meine Definition von modernem Leadership bedeutet, Menschen ein Warum zu geben.[12] Und mit einem speziellen Sinn in Form eines Leitsatzes in Händen, der von der Mehrheit der Schulgemeinschaft mitgetragen wird – und mit Schmetterlingen im Bauch –, wird einem der Weg auf einmal viel klarer, der jetzt vor einem liegt.

DEN SCHREIBTISCH AUFRÄUMEN

Kommen wir zurück zum Schreibtisch. Der ist jetzt noch voller ... Jetzt hilft nur noch eine Radikalkur! Machen Sie drei imaginäre Stapel aus den Aufgaben, die in Papier- und elektronischer Form auf Sie warten. Der kleinste Stapel besteht aus denjenigen Aufgaben, die so wichtig sind, dass Sie sie unbedingt selbst in die Hand nehmen müssen. Die zuvor geführten Gespräche haben Ihnen schon viel Aufschluss darüber gegeben, was in Ihrer Rolle als Schul-CEO besonders wichtig für die Schule ist. Und der Leitsatz der Schule hält Ihnen die wichtigsten Prioritäten jederzeit vor Augen. Weiter unten gehen wir gleich noch genauer auf die wichtigsten Prioritäten eines Schul-CEO ein.

Der zweitgrößte Stapel besteht aus all den wichtigen Aufgaben, die Sie an jemand anderen delegieren können. Hier gilt ein kluges Prinzip aus der Welt des Managements: Man soll nämlich nicht die Dinge delegieren, die einem zu viel sind, die einem unwichtig sind oder auf die man keine Lust hat. Die Kunst der Delegation besteht darin, Dinge zu delegieren, die wichtig sind und die andere Leute einfach besser können als man selbst. Auch hier geht es um konsequentes Einsetzen von Stärken, von dem Sie profitieren können. Weiter unten werden wir uns gleich damit befassen, wie Sie sich am besten organisatorisch aufstellen, um Ihre engsten Mitarbeitenden nach deren Stärken mit Aufgaben betrauen zu können.

Der dritte Stapel ist der mit Abstand größte. Es ist der Haufen voller unwichtiger Aufgaben. Und unwichtig ist alles, was einen kein winziges Stück dabei weiterbringt, den Leitsatz der Schule zugunsten der Schulkinder zu verfolgen. Dazu können etwa all die unangeforderten Werbebotschaften zählen, die allen neuen Schuldirektor*innen ins Haus flattern, oder zum Beispiel Aufforderungen zur Teilnahme an Umfragen. Gesprächstermine mit Leuten, die nur etwas von Ihnen wollen – Sie wollen aber nichts von denen – und nicht zur Schulgemeinschaft gehören, sind ebenso Zeitfresser, die auf diesen Stapel gehören. Ich bin mir sicher, Ihnen fallen noch viel mehr Beispiele dafür ein! Es sind höchst individuelle Entscheidungen, was Ihrer Ansicht nach unwichtig ist und sich daher auf diesem Stapel türmen soll. Und es ist eine entscheidende Fähigkeit des Self-Leadership, wichtige von unwichtigen Dingen unterscheiden zu können. Mit etwas Erfahrung wird man darin immer besser. Wenn man es allerdings gar nicht kann und damit unfähig ist, sich selbst zu führen, sollte man auch keine anderen Menschen zu führen versuchen! Dann ist man einfach ungeeignet für jede Führungsposition.

Und was macht man jetzt mit diesen Stapeln? Mit dem dritten, dem riesigen Stapel an unwichtigen Dingen macht man jetzt Folgendes: Man sagt auf höfliche, respektvolle, aber bestimmte Weise zu ihm: „Nein!“ Dabei wischt man ihn - imaginär - vom Schreibtisch herunter, direkt in den Mülleimer. Noch einmal: Diese vielen unwichtigen Dinge macht man einfach nicht! Das ist das Geheimnis von gutem Prioritätensetzen: Man verschiebt sie nicht, man delegiert sie nicht - nein! -, man macht sie einfach nicht!

Klingt das jetzt unrealistisch für Sie, oder arrogant und unhöflich? Mag sein - aber wir können es als Führungspersonen einfach nicht jedem recht machen! Wir müssen uns auf die Menschen konzentrieren, die uns anvertraut wurden und uns daher wichtig sein müssen. Für diese Menschen werden wir immer da sein. Allen anderen müssen wir leider - höflich - absagen. Und schauen Sie sich jetzt den Schreibtisch nochmals an, nachdem der größte Stapel darauf fehlt: Sieht doch gleich viel besser aus! Kommen wir jetzt direkt zum ersten Stapel: die Dinge, die Sie selbst in die Hand nehmen werden. Welche sind nun die wichtigsten Prioritäten für Sie als Schul-CEO? Darf ich Ihnen einen Vorschlag machen?

DIE DREI OBERSTEN PRIORITÄTEN: LEITSATZ DER SCHULE, WOHLERGEHEN DER SCHULKINDER UND QUALITÄT DES UNTERRICHTS

Mit dem Leitsatz der Schule ist gleichzeitig die erste von drei etwa gleichwertigen Prioritäten vorgegeben, die die Rolle jedes Schul-CEO ausmachen. Wie bei einem Leuchtturmwärter liegt seine oder ihre Verantwortung darin, das Licht des Warum niemals erlöschen zu lassen. Ein Schul-CEO hat den Leitsatz der Schule in höchster Glaubwürdigkeit und bei jeder Gelegenheit zu kommunizieren und stets danach zu handeln. Die Direktorin der StGIS beginnt jedes einzelne Meeting mit dem Leitsatz „Every child has talent and StGIS will develop it" – gefolgt von den drei wichtigsten Werten (Leidenschaft, Exzellenz, Integrität) und den drei Versprechen an die Schüler: Excellence in Care, in Education and in Activities. Erst dann werden die Ziele und die Agenda des Meetings besprochen, wenn sichergestellt ist, dass dabei der Leitsatz der Schule weiterverfolgt wird. So wie der CEO eines Wirtschaftsbetriebes ständig und glaubwürdig die Firmenvision kommunizieren sollte – der bereits zitierte Simon Sinek spricht sogar davon, die Abkürzung für die Gesamtverantwortlichen durch CVO (Chief Visionary Officer) zu ersetzen –, fällt diese Aufgabe dem Leuchtturmwärter unserer Schule zu. Zu seinen Amtszeiten ist der Schul-CEO die wichtigste Person an der Schule und repräsentiert sie bei sämtlichen wichtigen internen und externen Angelegenheiten. Wobei es natürlich ihm obliegt, auszuwählen, welche externe Angelegenheit so wichtig ist, dass er dabei selbst erscheinen muss. Denn es gibt noch zwei weitere Prioritäten, die zumindest ebenso viel Aufmerksamkeit von seiner Seite benötigen.

Das Wohlergehen der Schulkinder ist eine Priorität, die nicht nur in Regeln und Richtlinien festgelegt sein muss, sondern häufig auch für spontane Planänderungen sorgt. Und speziell in Pandemiezeiten gab es Schuldirektor*innen, die über sich hinausgewachsen sind und schier Übermenschliches in ihrer Sorge um die Gesundheit der Kinder geleistet haben. Speziell in einem Internatsbetrieb – etwa die Hälfte der Kinder an der StGIS sind Internatsschüler*innen – ist unglaublich viel Einfühlungsvermögen gefragt, um Kindern in Ausnahmesituationen ihre Eltern zu ersetzen. Die StGIS-Direktorin und viele Lehrer*innern ruhten auch am Wochenende und in den Nächten nicht, bevor nicht jedes einzelne erkrankte Kind in den Quarantänezimmern mit gutem Essen, einfühlsamen Gesprächen und spannendem Lese- und Lehrstoff versorgt war. Die Dankbarkeit der Schulkinder und ihrer Eltern war rührend – auch wenn uns schwierige Einzelschicksale nicht erspart blieben. Ein Schüler aus der Mongolei musste nach Ausbruch der Pandemie nach Hause reisen. Dort wurde er wochenlang in Einzelhaft (!) gesteckt, da die Behörden in Ulaanbaatar noch nicht wussten, wie sie mit einer Pandemie umgehen sollten. Erst Monate später konnte er abgemagert nach St. Gilgen zurückkehren. Und von da an wurde bis zu seinem erfolgreichen Schulabschluss dafür gesorgt, dass er seine Ferien bei Familien in Österreich verbrachte.

Ein ukrainischer Schüler konnte nach seinem Heimaturlaub zu Ostern 2022 nicht gleich an die StGIS zurückkehren, da er an Corona erkrankt war. Wenig später wurde er achtzehn – und durfte das Land nicht mehr verlassen, weil er für den Militärdienst bereitstehen musste! Nur zur Graduierungszeremonie am Wolfgangsee konnte er im Mai seine Schulfreunde noch einmal kurz sehen. Sein Auftritt wurde besonders beklatscht und beweint, bevor er wieder in das Kriegsgeschehen seines Heimatlandes zurückkehren musste. In diesem Fall war auch seine resolute Schuldirektorin machtlos – auch wenn alles dafür getan wurde, um ihm den Schulabschluss im Fernstudium zu ermöglichen.

Die Qualität des Unterrichts ist eine Priorität, die für viele erfolgreiche Direktor*innen sogar an erster Stelle steht. Und auch für viele Eltern ist dies der Hauptgrund, für ihre Kinder einen Leuchtturm der Bildung auszusuchen. Dazu zählt das Schaffen eines Umfeldes für die Lehrer*innen, in dem diese ihre Leidenschaft zu unterrichten so richtig entfalten können. Ein entscheidender Faktor ist dabei die Klassengröße – ein Thema, das häufig emotional diskutiert wird. Wie sollen Lehrende bei dreißig oder noch mehr Kindern auf individuelle Stärken eingehen können? Wir haben uns an der StGIS ganz bewusst für Klassengrößen zwischen zwölf und fünfzehn Kindern entschieden, um unseren Lehrer*innen ebendieses zu ermöglichen. Das ist auch ein Hauptgrund für die Höhe des Schulgeldes – kleine Klassen in einer kleinen Schule mit maximal 240 Kindern, um individuelle Stärken zu entwickeln. Der Leitsatz der Schule „Every child has talent ...!" zwingt uns förmlich dazu. Natürlich ist es aber aus Kostengründen, Lehrermangel etc. nicht realistisch, an jeder Schule in solch kleinen Klassen zu unterrichten. Dennoch müssen Klassengrößen beschränkt sein, um das Prinzip „Stärken stärken" zu verwirklichen. Aus diesem Grund empfehle ich, Klassengrößen auf maximal 24 Kinder zu limitieren. Bei dieser Anzahl von Kindern kann man sich auch alle Namen recht schnell merken, und die Zahl ist für Gruppenarbeiten perfekt teilbar. Es ist ein entscheidender Beitrag des Schul-CEO im Sinne von stärkenorientiertem Unterricht, sein Möglichstes für die Beschränkung der Klassengrößen zu tun! Das ist eine der wichtigsten Grundvoraussetzung, die leidenschaftliche Lehrer für die Qualität ihres Unterrichts benötigen.

Weit verbreitet ist allerdings der Irrglaube, Privatschulen hätten einen uneinholbaren Vorteil gegenüber öffentlichen Schulen, indem sie schlechte und unmotivierte Lehrer*innen einfach kündigen könnten. Theoretisch wäre das schon möglich, aber praktisch kommt dies zumindest an der StGIS so gut wie nie vor. Denn entscheidend für die Qualität des Lehrerkollegiums ist nicht die Kündigungsmöglichkeit, sondern die Auswahl der Lehrer*innen – und dabei kommt dem Schul-CEO eine Schlüsselrolle zu. Nach dem Vier-Augen-Prinzip sollte neben dem Schul-CEO zumindest ein weiterer erfahrener Lehrer oder eine Lehrerin den Kandidaten oder die Kandidatin interviewen. In riesigen Schulen mit weit über tausend Schulkindern hat der Schul-CEO vielleicht nicht mehr die Möglichkeit, alle Aufnahmeinterviews selbst zu führen. Aber zumindest ein kurzes Video – zwei Minuten sind da völlig ausreichend –, in dem der Kandidat oder die Kandidatin mit Leidenschaft über seinen oder ihren Unterrichtsgegenstand vorträgt – das sollte sich ein Schul-CEO zumindest jedes Mal ansehen, bevor er grünes Licht für eine Anstellung gibt.

An vielen öffentlichen Schulen ist aufgrund von Lehrermangel und Systemvorgaben die Auswahlmöglichkeit für die Schuldirektor*innen beschränkt. Mit zunehmender Schulautonomie gibt es aber auch hier mehr Möglichkeiten, und ein ambitionierter Schul-CEO sollte stets darauf pochen, dass die Personalauswahl eine der wichtigsten Gestaltungsmöglichkeiten in seinem Einflussbereich sein muss!

Diese drei Prioritäten sollten also ganz klar „Chefsache“ sein. Sie sind von elementarer Bedeutung für die Kinder an einer Schule, und niemand ist besser dafür geeignet, sich ihrer persönlich anzunehmen, als die Schulleitung. Für alles, was mit diesen Prioritäten zu tun hat, muss sich der Schul-CEO persönlich Zeit nehmen. Andere Dinge, die vielleicht ebenso wichtig sind, kann er an seine Mitarbeiter*innen verteilen – womit wir beim letzten verbliebenen Stapel des Schreibtischs angelangt sind.

RICHTIG DELEGIEREN

Bevor man den zweiten Stapel vom Schreibtisch angeht, muss man natürlich dafür sorgen, dass die Personen bereitstehen, an die man die jeweiligen Aufgaben delegiert. Diese Personen müssen über die speziellen Stärken verfügen, die man für die zu delegierenden Aufgaben benötigt. Und sie müssen das uneingeschränkte Vertrauen des Schul-CEO genießen. Denn man kann nicht alles nachkontrollieren. Auch wenn man so tut, als ob. Ich sage meinen Mitarbeiter*innen grundsätzlich, dass ich nur etwa die Hälfte ihrer Arbeit kontrollieren kann. Tatsächlich sind es nicht mehr als 20 Prozent. Aber sagen Sie das bitte nicht weiter.

Im Folgenden stelle ich Ihnen das Idealbild von drei Mitarbeiter*innen vor, die den Schul-CEO bei der Errichtung eines Leuchtturms der Bildung bedingungslos unterstützen werden. Es ist von fundamentaler Bedeutung, dass sich der CEO bei der Besetzung dieser Stellen durchsetzt und dass sie ausnahmslos von Mitarbeiter*innen ausgefüllt werden, die sein volles Vertrauen besitzen.

*Direktionsassistent*in*

Sie ist die Perle der Schule. Man darf sie sich als eine Mischung von Miss Moneypenny und Mary Poppins mit ihrem magischen Gespür für die Probleme von Kindern vorstellen. Sie kann aber natürlich auch in männlicher Besetzung brillieren. Ihre große Stärke ist ihr Organisationstalent. Geht nicht – gibt's nicht. Mit Bestimmtheit hält sie dem Schul-CEO den Rücken frei, versteht aber auch, wenn eine Sache so wichtig und dringend ist, dass ihr Chef oder ihre Chefin sofort unterbrochen werden muss. Gleichzeitig ist sie so freundlich und herzlich, dass man gerne persönlich bei ihr vorbeischaut. Der Schul-CEO überlässt ihr vertrauensvoll das Organisieren des eigenen Terminkalenders, dafür bringt man sie jederzeit auf den letzten Stand der Dinge, denn man kann sich auf ihre Verschwiegenheit verlassen. Als wichtigste Mitarbeiterin des Schul-CEO gehören ihr prinzipiell die ersten fünfzehn Minuten des Tages zur Terminplanung. Wenn man diese Perle gefunden hat, darf man sie nie wieder verlieren!

*Operations Manager*in*

Wenn die Direktionsassistentin die Perle der Schule ist, ist der oder die Operations Manager*in ihr Schutzschild. Der Operations Manager vereint die Fähigkeiten des furchtlosen Captain America und des genialen Tony Stark von den Avengers. An der StGIS ist diese Schlüsselrolle stark und weiblich besetzt. Zu ihren Stärken zählen der Umgang mit Zahlen und Finanzen sowie mit Mitarbeiter*innen, die nicht zum Lehrerkollegium zählen. Vorsichtig plant und verwaltet sie die Schulfinanzen und hält den Schul-CEO auf dem neuesten Stand, ohne sie oder ihn zu sehr von anderen Prioritäten abzulenken. Was sie zusagt, wird passieren. Sogar Handwerker akzeptieren ihre natürliche Autorität. Zu den vielen Wundern, die sie vollbringt, gehören die Bauarbeiten an der Schule, die pünktlich mit Ferienende abgeschlossen werden. Und wie ein erstklassiger Schiedsrichter im Champions-League-Finale arbeitet sie am besten, wenn man nichts von ihr bemerkt.

*Koordinator*in für digitales Lernen*

Diese Schlüsselposition garantiert, dass die digitale Revolution tatsächlich in den Klassenzimmern ankommt. Sie ist ein moderner „Q“ – um nochmals die James-Bond-Analogie zu bemühen – und sieht auch so aus, als ob sie für immer der Generation Z angehören würde. Sie ist die Schnittstelle zwischen dem internen oder externen IT-Team der Schule und dem Lehrerkollegium, das die digitalen Möglichkeiten individuell in den Unterricht einbaut. Außerdem ist sie der Gralshüter der Lernplattform, für die sich die Schule entschieden hat. Die Verfügbarkeit von schuleinheitlichen Lernplattformen – wie z.B. die IB-Plattform ManageBac – hat übrigens in Zeiten von Homeschooling den Unterschied zwischen fast reibungsloser Fortsetzung des Unterrichts oder verzweifelten Versuchen ausgemacht, analoge Lernblätter an die abwesenden Schulkinder zu verteilen. Man kann sich darunter tatsächlich eine Plattform in der digitalen Welt vorstellen, auf der Lehrer*innen Lehrstoff zum Selbststudium hinterlegen, Aufgaben verteilen oder den Fortschritt der Schüler*innen überprüfen können. An der StGIS, wo der Einsatz von Laptops und Lernplattformen seit Jahren zum Schulalltag gehört, wurde in den Phasen von Homeschooling jedenfalls kein Unterrichtstag verloren.

Der Koordinator für digitales Lernen muss nicht direkt an den Schul-CEO berichten, aber es geht nicht ohne ihn. Seine Stärke ist, dass er die digitalen Möglichkeiten so vereinfachend darstellen kann, dass das Lehrerkollegium gerne freiwillig auf ihn zukommt. Keinesfalls sollte sich der Schul-CEO mit IT-Herausforderungen selbst auseinandersetzen müssen. Der oder die Koordinator*in für digitales Lernen hat ähnliche Bedeutung für die Verbreitung des Wissens wie die Bibliothekare, die nach Erfindung des Buchdrucks die ersten Bibliotheken hüteten.

Stellen Sie sich jetzt den Schreibtisch vor, nachdem dieser zweite Stapel an kompetente Mitarbeiter*innen wie oben beschrieben verteilt worden ist. Jetzt ist nur noch der kleinste Stapel mit den persönlichen Prioritäten des Schul-CEO übrig - und dahinter kann man plötzlich sogar ein Fenster sehen, durch das Tageslicht auf den Schreibtisch fällt! Jetzt ist der Zeitpunkt gekommen, die Ärmel hochzukrempeln und sich in die Arbeit zu stürzen - denn für die Erschaffung eines Leuchtturms gibt es noch einiges zu tun!

JAHRESZIELE UND WOCHENPLÄNE

Der Schulbeginn im Herbst nach den großen Ferien zählt für viele Lehrerinnen und Lehrer zur schönsten Zeit des Jahres. Man ist gut erholt von den Ferien, freut sich auf altbekannte und neue Gesichter, und voller Energie kann man sich in den Unterricht stürzen. Auch ich freue mich jedes Jahr auf das Willkommens-Frühstück mit alten und neuen Lehrer*innen, bei dem Letztere allen vorgestellt werden, und zwar von Kolleg*innen, die die Schuldirektorin dafür ausgesucht hat. Unser Schauspiellehrer hat neuerdings einen neuen Lehrer folgendermaßen vorgestellt: „Von den folgenden drei Aussagen entsprechen nur zwei der Wahrheit: Er hat schon einmal einen Bestseller geschrieben. Er ist weitschichtig mit Ingrid Bergmann verwandt. Er hat schon mal mit einem Oscar-Preisträger auf der Bühne gestanden. Aber welche davon unwahr ist - das müsst ihr schon selbst herausfinden ..." Daraufhin sagen die Neuen noch kurz, was sie für ihre eigenen speziellen Stärken halten, die sie an der Schule einbringen wollen. Und allen von ihnen sieht man ihre Leidenschaft zum Unterrichten an!

Für den Schul-CEO hat allerdings das neue Schuljahr mindestens eine Woche vor dem Lehrerkollegium begonnen. Denn es empfiehlt sich, dass er sich davor schon – wie der Geschäftsführer oder die Geschäftsführerin eines Unternehmens – konkrete Ziele vornimmt, die die Schulgemeinschaft in diesem Schuljahr erreichen will. Es sollten nicht viel mehr als eine Handvoll Ziele sein, die einerseits herausfordernd sind und andererseits einen Meilenstein in der Verwirklichung des Leitsatzes der Schule darstellen.

Für den Leitsatz „Every child hast talent and StGIS will develop it" kommen beispielsweise folgende Jahresziele infrage:

- Erhöhung der Schüler*innenzahl auf 220
- Abschluss der Akkreditierung des IB-Middle-Year-Programms
- Skilehrerausbildung sowie Segel- und Golfprogramm als neue Aktivitäten
- Einführung eines Schüler-Lehrer-Feedback-Systems
- Solaranlage als Finanzierungs- und Lernprojekt der Schulgemeinde

Diese Jahresziele sollten auf alle Fälle mit den wichtigsten Mitarbeiter*innen des Schul-CEO abgestimmt sein, sowie natürlich auch mit den Eigentümervertretern.

Und jetzt kommen wir noch einmal zum Schreibtisch, bevor der sich schon wieder zu sehr füllt: Mithilfe von konkreten Wochenplänen lässt sich nämlich sicherstellen, dass man weiterhin das Fenster dahinter zu sehen bekommt. Vorausschauende Schul-CEOs nutzen entweder den Sonntagabend oder den Montag als Erstes in der Früh dafür, zu entscheiden, was sie in dieser Woche alles machen wollen. Und noch wichtiger: was nicht! Dabei lohnt sich der regelmäßige Blick auf Leitsatz und Jahresziele. Denn nur diejenigen Dinge gehören abgearbeitet, die einen beim Erreichen dieser Ziele einen klaren Schritt voranbringen. Alle anderen dürfen es unter Verwendung des respektvollen, höflichen, aber entschiedenen „Nein!“ nicht auf die Liste schaffen. Dafür gibt es nur eine Ausnahme: Wenn einer Person, die einem sehr wichtig ist, etwas besonders wichtig ist, muss das für einen selbst auch wichtig sein! Wenn also beispielsweise ein Schulmäzen den oder die Schul-CEO bittet, bei einem Empfang dabei zu sein, der ihm ein besonderes Anliegen ist – dann gehört das definitionsgemäß auch auf die Liste. Auch wenn man keine Lust darauf hat. Aber nur nach eindringlichem Nachfragen, ob das wirklich so wichtig sei. Und auch nicht immer. Denn sonst gehen die Schmetterlinge im Bauch verloren bei dem, was man tut …

ORGANISATION UND BUDGET

Organisations- und Budgetfragen werden bei so gut wie jedem Veränderungsprozess total überbewertet. Man darf sie zwar nicht als ganz unwichtig abtun, sie sind aber bei Weitem nicht so erfolgsentscheidend wie ein starkes Warum, ein klares Wie und eine gehörige Portion Durchhaltevermögen. Ich habe zahlreiche Manager kennengelernt, die nach Übernahme einer neuen Führungsaufgabe zunächst damit begonnen haben, Organisations-Charts zu zeichnen, in deren Zentrum sie natürlich selbst dargestellt waren. Damit zäumt man das Pferd allerdings von hinten auf. Und das funktioniert nicht, wie ich selbst auch in meiner desaströsen Reitkarriere feststellen musste, die später noch ein Thema in diesem Buch sein wird. Erst wenn feststeht, was man erreichen will, kann man die Organisation eines Teams so gestalten, dass es das Vorhaben bestmöglich unterstützen kann.

Als Schul-CEO sollte man davon ausgehen, dass man ebenso wie der Geschäftsführer eines Wirtschaftsunternehmens nicht mehr als sieben Personen direkt führen kann. Denn nur so ist gewährleistet, dass man mit diesen sieben sogenannten „Direct Reports“ regelmäßig – mindestens einmal wöchentlich – kommunizieren kann, und dass man stets weiß, wie es ihnen geht und wie sie vorankommen. Außer der wichtigen Assistentin des CEO – die in diesem Fall nicht zu den sieben „Direct Reports“ zählt – und dem Operations Manager, der alle Schulangestellten führt, die nichts mit dem Unterricht zu tun haben, bleiben somit bis zu sechs weitere Mitarbeiter*innen, die direkt an den Schul-CEO berichten sollen. Eine/r davon kann, muss aber nicht, der Digital-Learning-Koordinator sein. Denn er oder sie kann auch an einen anderen Abteilungsleiter berichten, der vielleicht mehr Bezug zur digitalen Welt hat als der Schul-CEO. Bei einem Lehrerkollegium von circa vierzig Personen wählt der Schul-CEO also idealerweise sechs starke Lehrer*innen mit Führungsambitionen aus, die als Abteilungsleiter*innen bis zu sieben Lehrer*innen vorgesetzt werden. Eine Stelle davon kann z. B. die Abteilung für Sprachen sein, eine für Naturwissenschaften oder eine für Kunstunterricht.

Nur wenn das Lehrerkollegium diese Zahl deutlich übersteigt, empfiehlt es sich, eine weitere Hierarchieebene einzuziehen. Aber stets gehört sichergestellt, dass eine Person nicht mehr als sieben andere führt, um dem Qualitätsanspruch von modernem Leadership gerecht zu werden. Auch wenn das Schulsystem einer öffentlichen Schule es nicht zulassen sollte, ausgewählte Lehrer*innen offiziell zu Abteilungsleitern zu befördern, so kann der Schul-CEO diese Ehre auch informell nach klärenden Gesprächen mit den Betroffenen verteilen. Es sollen zwar noch immer sämtliche Lehrer*innen direkten Zugang zur Schulleitung bekommen, wenn ihnen etwas auf dem Herzen liegt, das sie mit dieser teilen wollen. Als „normaler Dienstweg“ sollte sich aber zunächst der Gang zum Abteilungsleiter einbürgern. Damit werden schon einmal viele Themen eingefangen, die mehrere Kolleg*innen in derselben Abteilung betreffen können. Es muss also beispielsweise nicht jeder einzelne Sportlehrer dem Schul-CEO direkt erklären, dass das Fußballfeld dringend renoviert gehört. Es genügt, wenn das einer von ihnen für alle übernimmt.

Für seine sieben „Direct Reports“ sollte man sich mindestens einmal wöchentlich die Zeit zu einem informellen Gespräch nehmen. Und im Dezember oder Jänner empfiehlt sich ein gut vorbereitetes, stärkenorientiertes Feedbackgespräch. Dabei frage ich meine Mitarbeiter*innen zunächst stets, auf welches Erreichte sie in letzter Zeit besonders stolz sind und warum. Dann ersuche ich sie um eine Selbsteinschätzung, wie sie mit ihren Zielen vorankommen - und sage ihnen auch, wie es mir mit meinen eigenen Zielen geht. Schließlich fragen wir einander, was wir jeweils besser machen können, um uns gegenseitig dabei zu helfen, unsere Ziele zu erreichen. Und wir enden mit dem Ausdruck gegenseitiger Wertschätzung und unterhalten uns noch über private Themen. Ich versuche mir stets, die Namen der Partner*innen und Kinder meiner Mitarbeiter*innen zu merken und bin ehrlich interessiert, wie es ihnen geht. Und Sport als Thema klappt bei mir auch fast immer. Außer Red Bull Salzburg ist gerade wieder mal in der Champions League gescheitert ...

Und nun kommen wir zum lieben Geld. „Gute Idee, aber wir haben leider kein Budget dafür.“ Wie oft haben Sie diese Phrase schon gehört? Und dabei ist sie völlig falsch! Denn ein Budget gibt es immer. Es ist nur eine Frage der Priorisierung, wie man es einsetzt. Und in einem späteren Kapitel werden wir auch noch darüber sprechen, wie man mit Hilfe von Sponsoren zusätzliche Budgetmittel für Schulprojekte auftreiben kann. Die vorhandenen Budgetmittel sind also stets danach einzusetzen, welchen Beitrag sie zur Erreichung von Leitsatz und Jahreszielen leisten können. Budgets sind immer knapp. Wenn es also eine gute neue Idee für eine Veränderung gibt, so ist es eine Hauptaufgabe des Schul-CEO, zu entscheiden, welche anderen Maßnahmen gestrichen oder verschoben werden, um die höher priorisierte neue Idee zu verwirklichen.

Im letzten Schuljahr kam erstmals die Idee auf, an der StGIS ein Wochenende voller Schulveranstaltungen abzuhalten, um ehemalige Schüler*innen für einen Besuch wieder an ihre Schule zurückzuholen. Dafür war kein Geld im Schulbudget vorgesehen. Sollten wir es also sein lassen? Dafür war die Idee zu gut, und wir hatten alle Schmetterlinge im Bauch beim Gedanken, all die Absolvent*innen in ihrer „zweiten Heimat" in St. Gilgen begrüßen zu können. Wie ist es ihnen ergangen? Wie sehen sie jetzt aus? Was ist aus ihnen geworden?

Auf Empfehlung der Schuldirektorin strichen wir zunächst eine Schulveranstaltung, die am Ende des Schuljahres geplant war, um freie Kapazitäten im Organisationsteam zu schaffen. Daraufhin wurde in Abstimmung mit den Alumni- (Absolvent*innen-)Vertretern eine attraktive Veranstaltungsserie geplant, u. a. bestehend aus Grillabend, Basketballturnier, Wanderung, Kunstausstellung, Golfturnier und Galaabend. Zwei besonders engagierte Mütter übernahmen die Organisation von Golfturnier und Galaabend und schafften es mithilfe von Inseraten im Programmheft, Eintrittskarten und Sponsorenpaketen, die komplette Finanzierung des Wochenendes zu bewerkstelligen. Und darüber hinaus blieb auch noch genügend Geld für den Stipendienfonds der StGIS übrig, um ein weiteres vom Krieg in der Ukraine betroffenes Kind an der StGIS aufzunehmen. Am Galaabend standen dann über hundert StGIS-Alumni in Abendkleid oder Anzug für das Gruppenfoto auf der Bühne, die tatsächlich aus aller Welt für dieses Wochenende nach St. Gilgen gereist waren. Es wurde umarmt, geredet, gelacht und geweint. Ein Alumnus, der mir noch von seiner witzigen Abschlussrede bei seiner Graduierungsfeier in lebhafter Erinnerung war, ist extra aus Orlando, Florida, angereist, hat – wie schon als Schüler – bei fast jeder Aktivität mitgemacht und natürlich das 3x3-Basketball-Turnier mit seinem Team gewonnen. Es gab ja auch einen Ruf zu verteidigen ... Danach schrieb er mir: „Ich habe jede Minute in St. Gilgen, mit früheren Lehrern und Schulkollegen, genossen. Es war einfach wie früher ... Es war die lange Reise so was von wert und ich glaube, egal, wo auf der Welt ich beim nächsten Homecoming bin, ich werde wieder kommen :)“ Und es wurde getanzt! Zu den Klängen der legendären StGIS-Lehrerband und der DJs (aus den Reihen der Lehrer und Alumni) wurde bis in die Morgenstunden exzessiv das Tanzbein geschwungen, aber hallo. Zu den Leistungsträgern auf der Tanzfläche zählten Alumni, Lehrer*innen, Eltern, Freunde der Schule ... (und natürlich keine aktuellen Schulkinder, die waren da längst im Bett). Und das alles hätten wir nicht machen sollen, weil es kein Budget dafür gab?

Auch das heikle Thema Bezahlung von Mitarbeiter*innen an der Schule ist nicht so erfolgsentscheidend, wie viele glauben. In den meisten öffentlichen Schulen gibt es hier ohnehin kaum Gestaltungsmöglichkeiten für die Schuldirektion. Bessere Gehälter für Lehrer*innen garantieren aber ohnehin noch lange nicht, dass man damit automatisch einen Leuchtturm der Bildung für unsere

Kinder schaffen kann. Wie in jedem gut geführten Wirtschaftsbetrieb ist nicht die Höhe, sondern die Fairness der Bezahlung das entscheidende Kriterium. Die Mitarbeiter*innen dürfen niemals das Gefühl haben, dass sie aufgrund zu geringer Bezahlung ausgenutzt werden, oder dass sie bei einem ebenso attraktiven Job in einem anderen Unternehmen mehr verdienen würden. Man muss aber auch nicht mehr bezahlen als andere. Die internationalen Lehrer*innen an der StGIS sind sich bewusst, dass sie mehr verdienen würden, wenn sie in London, Zürich, Dubai oder Hongkong unterrichteten. Aufgrund des Arbeitsumfeldes an der StGIS und der Lebensqualität am Wolfgangsee empfinden sie aber auch ein vergleichsweise geringeres Gehalt als fair, wobei die Entfaltungsmöglichkeit in ihrem geliebten Beruf für die meisten das entscheidende Kriterium darstellt, um an die StGIS zu kommen und zu bleiben. Die Bezahlung des Schul-CEO ist allerdings schon ein Thema. Es kann nicht sein, dass man mit ein paar hundert Euro Gehaltserhöhung abgespeist wird, wenn man die Führungsverantwortung für einen Schulbetrieb mit Dutzenden von Mitarbeiter*innen übernehmen soll! Das Gehalt der Schulleitung muss in etwa mit der Geschäftsführung eines Klein- und Mittelbetriebes vergleichbar sein. An den meisten Privatschulen ist das der Fall, und speziell in skandinavischen Ländern gilt dies auch häufig für öffentliche Schulen. Wenn das öffentliche Schulsystem in einem Punkt besonders großen Reformbedarf bei seinem Gehaltsschema hat, dann bei der finanziellen Würdigung der Schulleitung!

Wäre dann mein Schwager eher bereit, seine Scheu vor der Übernahme der Führungsaufgabe an seiner Schule abzulegen? Nö – er bleibt dabei: Er ist zu zufrieden mit seinen Aufgaben als Lehrer, um diesen Schritt zu wagen. Das ist völlig in Ordnung, zumal ich für die Recherchearbeiten zu diesem Kapitel auch mit seinem etwas jüngeren Lehrerkollegen sprechen konnte, der den vakanten Job der Schulleitung an der öffentlichen Schule meines Schwagers übernommen hat. Aus seinem Kollegen wurde also sein Direktor. Das ist keine leichte Aufgabe. Sie wurde aber speziell aufgrund der hohen sozialen Kompetenz des neuen Direktors mit Bravour gelöst. Diese Stärke des neuen Schulleiters war sogar in einem Zoom-Gespräch unmittelbar spürbar. Und es hat mich zuversichtlich gestimmt, dass der neue Schuldirektor seine Aufgabe trotz des Verlustes seiner geliebten Unterrichtsstunden, trotz der administrativen Lawinen und trotz einer nahezu Verdopplung der Arbeitszeit, die kaum finanziell honoriert wird, mit Begeisterung angetreten ist. Denn er ist überzeugt davon, gemeinsam mit seinem engagierten Team „etwas bewegen" zu können. Ich glaubte, die Schmetterlinge in seinem Bauch förmlich zu spüren, als er davon sprach. Und die Erarbeitung eines neuen Leitsatzes für seine Schule hat er sich gleich einmal als erstes Ziel für das kommende Schuljahr vorgenommen.

ZUSAMMENFASSUNG DES DRITTEN SCHRITTES: GESTATTEN, SCHUL-CEO

In einem Leuchtturm der Bildung übt die Schulleitung ihre Führungsrolle im Stile eines modernen CEO aus – als Schul-CEO. Der Schul-CEO wacht wie ein Leuchtturmwärter darüber, dass das Licht des Warum der Schule – in Form des Leitsatzes – stets im Zentrum allen Tuns steht. Diese Verkörperung des Leitsatzes der Schule nach innen, gegenüber der Schulgemeinschaft, und auch nach außen stellt eine der wichtigsten Prioritäten für ihn dar. Dazu kommt seine große Verantwortung für das Wohlergehen der Schulkinder und für die Qualität des Unterrichts – als Chef*in des Lehrkollegiums.

Seine Mitarbeiter*innen führt er nach modernen Prinzipien des Leaderships, indem er ihnen nicht sagt, was sie zu tun haben, sondern – wie im Leitsatz zugunsten der Schulkinder verankert –, warum und wie. Er entwirft engagierte Jahresziele für die Schule und stimmt sie mit seinen engsten Mitarbeiter*innen sowie den Vertretern der Schuleigentümer ab. Mit dem konsequenten Einsatz von Wochenplänen trägt ein Schul-CEO dafür Sorge, dass die vielen Dinge einfach nicht getan werden, die einen für die Erreichung der Jahresziele kein Stück weiterbringen würden. Und er delegiert diejenigen wichtigen Aufgaben, die andere besser als er selbst erledigen können.

Die Rolle der Schulleitung ist einer der wichtigsten Jobs des Landes. Nicht nur für die Zukunft unserer Kinder, sondern auch für den Zusammenhalt unserer Gemeinschaft. Nur die besten Köpfe des Lehrkörpers sind dazu berufen, ihre „Komfortzone" der Schulklasse für das Abenteuer Direktionsbüro einzutauschen, und sie haben sich das Ansehen verdient, das Schulleiter*innen in skandinavischen Ländern genießen. Sie tragen die Hauptverantwortung dafür, dass sich eine Schule zu einem Leuchtturm der Bildung entwickeln kann.

Was aber kann man tun, wenn die Schulleitung gar keine Ambition dafür erkennen lässt, einen Zustand der Mittelmäßigkeit für eine notwendige Veränderung aufzugeben? Wenn sie beharrlich den Status quo verteidigt und stets äußere Umstände dafür verantwortlich macht, keinerlei Verbesserungen bewirken zu können? Dann kann man mit Nachdruck versuchen, sie von der Wichtigkeit von Veränderungen für die Zukunft unserer Kinder zu überzeugen. Und dieses Buch kann vielleicht auch einen Beitrag dazu leisten. Wenn dies aber völlig sinnlos erscheint, so hat man als Eltern immer noch die Möglichkeit, seine Kinder einer anderen Schule unter einer anderen Führung anzuvertrauen. Und als Lehrer*in? Kann man überhaupt moderne Prinzipien wie das Stärken von Stärken im eigenen Klassenzimmer auch gegen den Widerstand von Schulleitung und Schulsystem anwenden? Die Antwort ist ein rebellisches „Ja!". Coole Lehrer*innen trauen sich so etwas.

SCHRITT

SO GEHÖRT MAN ZU DEN COOLEN LEHRER*INNEN

LEIDENSCHAFT, PRÄSENZ UND SELBSTIRONIE

WAS HEISST SCHON „COOL"?

„Dr. Hückel ist der coolste Professor am Campus." Dieser Kommentar im Studentenfeedback nach meiner Lehrveranstaltung an der Wirtschaftsuniversität Wien hat mich ordentlich überrascht. Zunächst hatte ich ja den Studierenden wie immer klargemacht, dass ich kein habilitierter Professor, sondern ein Gastdozent aus der Praxis bin. Aber viele bleiben hartnäckig bei der Anrede „Professor", auch wenn ich ihnen im Kurs das Du anbiete. Aber viel erstaunlicher ist der Gebrauch des englischen Adjektivs „cool" – noch dazu im Superlativ. Also, meine Kinder kämen nie auf die Idee, mich auch nur in die Nähe dieser jugendlich behafteten Auszeichnung zu rücken! Und das hat gute Gründe:

Mein Sohn Manuel hat mich vor einigen Jahren mit dem Triathlon-Virus angesteckt. Das hat einige Annehmlichkeiten für ihn mit sich gebracht, vom anfänglichen Trainingspartner (jetzt ist er viel zu schnell ...) über den allzeit bereiten Chauffeur bis hin zum pflegeleichten Hauptsponsor seiner Ambitionen. Dafür nimmt er in Kauf, dass er sich manchmal ein bisschen schämen muss für seinen Papa. Es beginnt schon beim frühmorgendlichen Einchecken unserer Fahrräder in der sogenannten Wechselzone des Triathlon-Bewerbs. Da bin ich einfach nicht cool, sondern furchtbar nervös. Und ich drehe mich mit meinem riesigen Rucksack unberechenbar und so ruckartig in alle Richtungen, dass ich eine permanente Gefahr für Mensch und Material darstelle. Das ist aber nur der eine Grund, warum ich beim Triathlon nicht als cool gelte. Der andere Grund ist schlimmer:

Es begab sich bei einem Hobby-Triathlon am Wolfgangsee, bei dem mein erfolgreicher Sohn im Ziel schon ungeduldig auf das

Auftauchen des Vaters wartet. Und der kämpft! Um jeden Meter, jede Sekunde, jeden Platz. Zusätzlich motiviert mich, dass der Platzsprecher mich kennt und mir aufmunternd zuruft: „Manfred, da vorne läuft die schnellste Frau, die holst du noch ein!" Das Hirn ist jetzt mit Sauerstoff völlig unterversorgt, und kein Hauch von Vernunft könnte mich jetzt noch bremsen. Trotz meiner aussichtslosen Position im Mittelfeld des Teilnehmerfeldes setze ich also zu einem langgestreckten Schlusssprint an, wobei der fast 90 Kilo schwere Körper von den krummen O-Beinen laut stampfend nach vorne gewuchtet wird, der Ziellinie entgegen. Und wirklich, vor mir sehe ich die zierliche Figur der erwähnten Teilnehmerin, die auf den Zielkanal einbiegt, dem Zielband des weiblichen Siegers entgegen. Aber noch ist sie nicht angekommen, ich beschleunige abermals, spüre keine Schmerzen mehr, ja, ich fliege dem Ziel entgegen! Ich kann das Zielband noch vor ihr erreichen! Ich sehe noch, dass der Zielkanal plötzlich enger wird, und dann erlebe ich wie in Zeitlupe mehrere Dinge gleichzeitig: Die Läuferin streckt schon die Arme zum Siegesjubel in die Höhe, gleichzeitig versuche ich noch, im engen Zielkanal an ihr vorbeizukommen, obwohl nur für eine Person Platz ist. Dabei stolpere ich blöderweise und höre klar und deutlich eine mir unbekannte Stimme im Publikum rufen: „Was macht der da, der Depp?" Da berühre ich auch schon das für die Siegerin vorbereitete Zielband, im Stolpern seitlich verdreht, und auf einmal erstarre ich auch selbst bei dem Gedanken: Was mache ich da? Teils aus Gründen der Schwerkraft, teils aus einer höflichen Eingebung heraus greife ich – noch immer strauchelnd – nach hinten, bekomme die entsetzte Läuferin an der Schulter zu fassen und schiebe sie wenige Zentimeter vor mir über die Ziellinie. Dabei verliert auch sie beinahe das Gleichgewicht, fängt sich aber vor dem Aufprall und blickt sich entsetzt um. Das Publikum raunt, und der Zielfotograf flucht. Ich habe der Siegerin nicht nur ihren Zieleinlauf als Erstplatzierte verdorben (es war übrigens ihr Premierensieg), das Zielfoto ist auch nichts wert. Meinen Triathlon-Spitznamen „Wrecking Ball“ trage ich seither völlig zu Recht, und Abrissbirnen sind einfach nicht cool.

Haben Sie Lust auf noch einen Gegenbeweis zu meiner Klassifizierung als „coolster Professor“? Meine Tochter Elena hat meinem Selbstwertgefühl als Tänzer den Todesstoß versetzt, als ich auf einer Strandparty glaubte, mich am Rande des Geschehens unbemerkt dem Rausch von Electronic Dance Music hingeben zu dürfen. „Papa, versuch wenigstens ein bisschen, deine Hüften zu bewegen ...“, kritisierte sie mich kopfschüttelnd. Ich war noch nie ein cooler Tänzer, aber seither leide ich an absoluter Tanzhemmung. Meinen Bruder erwischte es allerdings noch schlimmer. Er hatte das schwächenfokussierte Feedback meiner Tochter amüsiert mitverfolgt und fragte scherzhalber bei seiner Tochter nach, ob auch er seine Hüften etwas mehr beim Tanzen bewegen sollte. Daraufhin widerfuhr ihm folgende Abfuhr: „Geh Papa, du bist einfach nur peinlich.“ Dabei weiß ich, dass die Mitarbeiter seines Betriebes ihn für den coolsten Chef halten, den man sich vorstellen kann, und für den beliebtesten sowieso. Jedenfalls sind mein Bruder und ich von der Strandparty damals recht früh heimgegangen ...

Coolness ist also keine Charaktereigenschaft. Man kann sie in Rollen wie als Vater (oder auch langjährig glücklich verheirateter Ehemann) vermissen lassen, während man diese Auszeichnung in Rollen als Chef eines Betriebes oder als Lehrer in einem komplett anderen Umfeld zu Recht verliehen bekommen kann. Aber ist es für Lehrer*innen überhaupt erstrebenswert, unter ihren Schulkindern als cool zu gelten? Na ja, immerhin handelt es sich um eine der höchsten informellen Auszeichnungen, die die Schüler*innen in ihrem Sprachgebrauch zu vergeben haben. Oder wollen Sie, dass die Kinder, die gerade erfahren haben, dass Sie die Vertretungsstunde bei ihnen übernehmen, lautstark aufseufzen: „Oh nein, wie uncool!" Die Mitglieder des Lehrerkollegiums, die tatsächlich lieber als „uncool" gelten, sind so rar wie Schauspieler*innen, die behaupten, sie würden sich nichts aus dem Oscar machen – und das auch wirklich so meinen.

Für einen Leuchtturm der Bildung ist es jedenfalls ein Erkennungsmerkmal, wenn der Lehrkörper überwiegend als cool bezeichnet wird. Aus Sicht der Schulkinder – versteht sich. Und glauben Sie mir, auch wenn es an Ihrer Schule kein formelles Feedbacksystem der Schüler*innen gibt, so haben diese garantiert ihre eigenen schonungslosen Bewertungsskalen für ihre Lehrer*innen. Und der Coolness-Faktor spielt dabei die Hauptrolle. Als ich an den sogenannten Elite-Universitäten in Harvard und Stanford Executive-Education-Kurse besuchen durfte, empfand ich fast alle der Vortragenden dort als cool. Sie waren äußerlich alle höchst divers, aber sie verstanden es ohne Ausnahme, aus ihren Lektionen eine Show zu machen, die einen unterhielt und mitriss. Ich habe sogar versucht, ihre Witze in den Kursen mitzuschreiben, nur um später draufzukommen, dass die meisten davon einfach nicht zu mir passten. Also habe ich sie umsonst geklaut.

Die Einstufung als cool ist allerdings nicht nur vom Umfeld, sondern auch von den individuellen Interessen der Beurteilenden abhängig. Manuel fand an der StGIS seinen Sportlehrer besonders cool. Der fuhr in der Früh mit seinem Skateboard an die Schule und hatte bei absolut jedem Wetter kurze Hosen an. Manuel ließ es sich nicht nehmen, die Abschiedsrede für seinen Lieblingslehrer zu halten, als dieser den Direktorsposten an einer anderen internationalen Schule annahm. Dabei beschrieb er auch das laut schmatzende Geräusch, das zu hören war, wenn ihn sein Sportlehrer in Flipflops über das halbe Fußballfeld verfolgte ... Für Elena war hingegen naturgemäß der Schauspiellehrer der coolste. Während des Vormittages sparte er meistens seine Kräfte – man konnte ihn häufig vor sich hin dösend antreffen –, während er beim Einstudieren der Theaterrollen auf der Bühne eine Energie versprühte, die sich auf die jungen Darsteller*innen und das gesamte Stück übertrug. Alle beide finden außerdem cool: den Biologielehrer, der fast alle Outdoor-Sportarten und zudem noch mehrere Instrumente als Mitglied der Lehrer-Band beherrscht, den Geografielehrer, der mit seinen launigen Ansprachen die gesamte Schulgemeinde zu Lachstürmen animiert, die einfühlsame Deutschlehrerin, weil sie einfach nichts aus der Ruhe bringt, und die Schuldirektorin, die einem mit einem Blick bis tief in die Seele schauen kann, sowieso. Ihre wissenschaftlich interessierten Mitschüler*innen finden außerdem z.B. den nerdigen Physiklehrer cool, auch wenn der einen mitten im Gespräch stehen lassen kann, weil ihm gerade ein genialer Gedanke gekommen ist, den man irgendwo festhalten muss. Die zeichnerisch begabten Kinder finden ihre Kunstlehrerin cool, die wie von der Welt entrückt durch ihre Art Garage schwebt. Die Art Garage war einmal eine kleine Autowerkstatt mitten in St. Gilgen, die für unsere Schule zu einer modernen Wirkungs- und Werkstätte für das Fach Visual Arts umfunktioniert wurde. Und den Bergführer Thomas, der seit Jahren an der Schule angestellt ist, findet jeder einzelne

Schüler und jede einzelne Schülerin saucool. Er strahlt dieses „Ich rette dich in jedem Schneesturm, auch wenn ich dich stundenlang dafür tragen müsste"-Gefühl aus, und ich wüsste zu gerne, wie man sich das aneignen kann. Wahrscheinlich üben die Bergführer diesen verwegenen Blick, wenn sie wochenlang wortkarg in unkomfortablen Berghütten und Biwaks ausharren – was Teil ihrer selektiven und extrem harten Ausbildung sein dürfte. Thomas ist internationaler IVBV/IFMGA-Berg- und Skiführer, was bedeutet, dass er Gruppen auf jeden Gipfel der Welt führen kann. Geht es noch cooler?

Und noch einen entscheidenden Grund gibt es, warum man als Lehrer*in besser zu den coolen zählt: Die Schulkinder lernen besser von ihnen, weil sie für sie Vorbildwirkung haben, und Bewunderung bringt Respekt. Aber was kann dieses Buch – als Anleitung zu einer Schulrevolution – dazu beitragen, dass immer mehr Kinder vom Unterricht bei coolen Lehrer*innen begeistert werden? Wir werden hier nicht von Lehrplänen reden oder darüber, mit welchen Methoden man das Wissen am besten vermittelt. Also nicht davon, wie vorbildhafte Lehrer*innen am besten unterrichten, sondern wie sie sind! Aus meinen zahlreichen Gesprächen mit Schulkindern und denjenigen Lehrer*innen, die von ihnen das Prädikat cool bekommen, stelle ich die folgende Formel zur Diskussion, um den Nebel, der den Mythos cooler Lehrer*innen umhüllt, etwas zu lichten. Sie lautet:

Coolness = Leidenschaft x Präsenz x Selbstironie

Die revolutionäre Transformation des Lehrkörpers besteht darin, dass die coolen Lehrer*innen die Mehrheit werden! Und mit dieser Formel können wir daran arbeiten.

DIE LEIDENSCHAFT FÜR DEN UNTERRICHT

Es gibt jede Menge wundervolle Lehrer*innen, die mit viel Engagement und Leidenschaft ihren Traumberuf ergreifen. Sie spüren, dass man niemals seine Zeit vergeudet, wenn man einem jungen Menschen etwas beibringen kann. Sie lieben das Abenteuer, den ein Unterrichtstag für einen bereithält, denn man weiß nie, was für Dramen einen erwarten. Liebe, Hass, Lachen, Weinen, Erfolg, Scheitern, Freundschaft, Feindschaft, all die überbordenden Gefühle der Heranwachsenden kommen auf einem Schulhof zusammen, und im Klassenraum müssen sie eingefangen und in positive Energie umgewandelt werden. Die meisten erfahrenen Bildungsexpert*innen sind überzeugt davon, dass Leidenschaft die wichtigste Eigenschaft für eine erfüllte Karriere als Pädagog*in darstellt.

Doch viel zu viele der Berufseinsteiger*innen verlieren diese Leidenschaft in den Mühlen des Alltags und eines starren Schulsystems. „Nein, für Ihre Sonderwünsche gibt es weder Zeit noch Budget." „Das haben wir hier noch nie so gemacht - bitte passen Sie sich dem Lehrerkollegium an." „Schweifen Sie nicht vom Lehrplan ab." Als meine Frau als junge Sportlehrerin einmal bei heißem Sommerwetter ihre Mädchenklasse zu einem Bach führte, um dort auf den Steinen barfuß Balanceübungen mit ihnen zu machen, bekam sie danach Kritik von den Kolleginnen und einen Verweis ihrer Direktorin um die Ohren geknallt. Die Mädchen seien nach diesem Naturerlebnis verschwitzt und kaum mehr zu beruhigen gewesen. Sie möge in Zukunft ihren Sportunterricht auf den Turnsaal beschränken. Bis heute ist sie deshalb enttäuscht von ihren damaligen Kolleginnen - wohingegen ihre Schulkinder sie wegen ihres außergewöhnlichen Engagements angehimmelt haben.

Die beharrenden Kräfte haben schon in normalen Unterrichtszeiten hochmotivierte Junglehrer*innen zur Verzweiflung gebracht. Und speziell in Pandemiezeiten wurde es deutlich, wer zum leidenschaftlichen Lehrkörper zählte und wer nicht. Für Letztere waren die Corona-Beschränkungen eine Einladung zu vermehrter Freizeitbeschäftigung. Die erste Gruppe hingegen verstärkte nochmals ihre Anstrengungen, jedes einzelne ihrer Schulkinder genauso gut zu unterrichten, wie wenn sie vor ihnen im Klassenraum stünden. Sie lernten in Online-Schnellkursen, wie man die Möglichkeiten des rein digitalen Unterrichtens nutzen kann. Die Gruppenfunktion bei Zoom wurde gefeiert, weil damit die wertvolle Gruppenarbeit sogar besser als im Klassenzimmer funktioniert. Bis man draufkam, dass Zoom oder auch Microsoft Teams aus datenschutzrechtlichen oder sonstigen Gründen für den Unterricht nicht zugelassen war. Dabei konnte man noch froh sein, wenn man seine Schützlinge überhaupt digital erreichen konnte. Wie beschämend war es doch, als leidenschaftliche Lehrer*innen ernsthafte Probleme mit dem Datenschutz bekamen, als sie in ihrer „Not" WhatsApp-Gruppen mit ihren Schulkindern gründeten, weil sie sie sonst im Homeschooling gar nicht hätten kontaktieren können. Der Landesdatenschutzbeauftragte von Thüringen drohte beispielsweise laut einem SZ-Artikel im Juni 2020 in diesen Fällen mit Bußgeldern bis zu 1.000 Euro. Der Wert des Datenschutzes wurde also über das Menschenrecht auf eine gute Schulbildung gestellt. Das schreit doch nach Revolte! Stattdessen waren diejenigen Lehrer*innen auf der sicheren Seite, die ihre Schützlinge postalisch mit Arbeitszetteln versorgten, so gut es halt ging.

Das Besondere an dieser Zeit war allerdings, dass die Eltern hautnah miterlebten, welche Lehrer*innen mit Leidenschaft für einen guten Unterricht für ihre Kinder kämpften, und welche nicht. Übrigens galt das auch für die Universitäten. Mir taten diejenigen Studierenden leid, die tagelang vor dem Bildschirm saßen, wo unmotivierte Dozent*innen mit monotoner Stimme von ihren endlosen PowerPoint-Charts ablasen. Es ist ja fast schon in Vergessenheit geraten, dass Vorlesungen aus Zeiten stammen, als es für die Studenten vor der Erfindung des Buchdrucks noch keine Bücher gab. An manchen Professor*innen ist nicht nur diese Wissens-Revolution, sondern auch die digitale Revolution spurlos vorübergegangen. Sie haben nicht verinnerlicht, dass es in einer zeitgemäßen Bildungsanstalt mehr um die Vermittlung von Fertigkeiten (Skills) als von Wissen (Knowledge) geht, weil Letzteres auf Knopfdruck jederzeit verfügbar ist. Nur leidenschaftlichen Pädagog*innen ist das klar, weil sie stets bemüht sind, den Unterricht für die Kinder zu verbessern.

Wer seine Leidenschaft für den Unterricht verloren hat, muss versuchen, sie wiederzufinden. Aber wie kann das gelingen? Jedenfalls nicht, indem man in sich hineingrübelt, um nach der verlorenen Leidenschaft zu suchen. Ein Impuls von außen kann da schon mehr bewirken, daher empfehle ich in solchen Fällen eine berufliche Fortbildung in einem Bereich, der einen persönlich interessiert. Entscheidend ist danach die Umsetzung des neu Gelernten im beruflichen Alltag, am besten in Abstimmung mit den Vorgesetzten – denn sonst verpufft die neu gewonnene Energie allzu schnell ungenutzt. Neue Perspektiven, um seine Leidenschaft zurückzugewinnen, können sich auch aus Veränderungen am Arbeitsplatz ergeben, etwa durch neue Vorgesetzte. Aber vielleicht ist sogar ein Wechsel des Arbeitsplatzes notwendig, um neue Möglichkeiten zu bekommen, die alte Liebe zum Unterricht wieder aufflammen zu lassen. Wenn das allerdings nicht gelingt, wenn man keinerlei Schmetterlinge im Bauch dabei fühlen kann, wenn man jungen Menschen etwas beibringen darf, dann hat man selbst die Verpflichtung, die Konsequenzen zu ziehen. In diesem Fall muss man seinen Beruf aufgeben, um seine Stärken in einem anderen Betätigungsfeld zum Einsatz zu bringen. Denn unsere gesamte Gleichung bricht zusammen, wenn nur einer der drei Faktoren auf null gestellt ist.

PRÄSENZ

„All the world's a stage,
And all the men and women merely players,
They have their exits and their entrances;
And one man in his time plays many parts …"

So beschrieb William Shakespeare in *Wie es Euch gefällt* die ganze Welt als Bühne, auf der wir so manche Rolle zu spielen haben. Und auf dieser Bühne ist Präsenz jene Fähigkeit, über die ein Schauspieler verfügt, während eine Führungskraft sie dringend benötigt. Viele coole Lehrer*innen vergleichen ihr Klassenzimmer mit einer Bühne, auf der sie mithilfe ihrer Präsenz auf ihr Publikum - ihre Schulkinder - wirken. Auch wenn der Unterrichtsgegenstand gleich bleibt - so wie das Theaterstück sich nicht ändert, das man mehrmals hintereinander auf die Bühne bringt -, so gleicht doch nie eine Stunde der anderen. Und jedes Mal ist man aufs Neue gefordert, das Publikum in seinen Bann zu ziehen.

Präsenz entscheidet sich in den ersten Minuten, wenn man die Bühne oder das Klassenzimmer betritt. Ich durfte einen magischen Moment erleben, als unsere Tochter Elena im Stück *Wilhelm Tell* als Berta von Bruneck erstmals die Bühne betrat und ihre Präsenz aufbaute. Noch bevor sie den Mund aufmachte, spürte man (nicht nur ihr stolzer Vater), wie der Energielevel im Theater anstieg, als ob ein gigantischer Scheinwerfer sie bestrahlen würde. Diese Aufführung der Schauspielschule Krauss unter der Regie von Andreas Simma und Adriana Salles im Wiener Schauspielhaus (2022) ist übrigens eines meiner persönlichen Top-drei-Theatererlebnisse, gemeinsam mit den *Bakchen* im Burgtheater (2019) und der *Welt im Rücken* mit Joachim Meyerhoff im Akademietheater (2017). Okay, den *Jedermann* am Salzburger Domplatz mit Lars Eidinger (2022) muss ich schon auch noch dazuzählen. In allen Produktionen waren Schauspieler*innen mit sagenhafter Präsenz im Einsatz.

Aber zurück auf die Bühne des Klassenraumes: Die Schulkinder merken sofort, ob vor ihnen ein Opfer steht, mit dem sie leichtes Spiel haben werden, oder ob sie eine Autorität vor sich haben, von der sie etwas lernen können. Die gute Nachricht ist, dass man Präsenz lernen und sie jederzeit verbessern kann. Dafür empfiehlt sich der Besuch einer guten Schauspielschule, ein Engagement in einer Laien-Schauspielgruppe, oder zumindest ein Schauspieltraining. Ich selbst kam erstmals in den Genuss von Schauspieltraining während eines Leadership-Seminars für Führungskräfte an der Harvard Business School. Davor hatte ich gedacht, beim Schauspielern ginge es darum, sich möglichst gekonnt zu verstellen. In diesem Kurs lernte ich allerdings, dass die großen Schauspieler so glaubwürdig sind, weil sie in dem Moment glauben, tatsächlich die Person zu sein, die sie spielen. Das macht sie so echt!

So wie Schauspieler*innen es niemals müde werden dürfen, an ihren Fähigkeiten zu arbeiten, sollten Lehrkräfte genauso wie Führungskräfte an ihrer Präsenz feilen, um den Effekt ihres Auftritts vor jungen wie erwachsenen Menschen noch weiter zu verstärken. Belle Linda Halpern und Kathy Lubar sind beide erfolgreiche Schauspielerinnen, die in Coachings Menschen dabei helfen, ihre Präsenz zu verstärken. Sie haben ein Modell namens PRES entwickelt, auf dem auch ihr Buch Leadership Presence basiert.[13]

Kurz zusammengefasst, steht P für „Present" im Hier und Jetzt. Das R aus PRES ist die Abkürzung für „Reaching out" und steht für die Fähigkeit zu Mitgefühl und für die Kunst des Zuhörens. „E" ist die entscheidende „Expressiveness", also die Ausdruckskraft während einer Rede, wobei Stimme und Körpersprache die wichtigsten Kriterien sind – viel wichtiger als der Inhalt des Gesagten. Und S schließlich steht für „Self-knowing", also authentisch und echt zu seinen Stärken und Schwächen zu stehen.

Ich habe mir aufgrund meines PRES-Trainings angewöhnt, vor dem Beginn einer Lehrveranstaltung oder einer Ansprache ein kleines Ritual zu vollziehen, um mich in einen präsenten Zustand zu versetzen: Zunächst richte ich mich vertikal aus, indem ich beide Beine fest im Boden verankere, auf eine tiefe Bauchatmung achte, mir zur Lösung jedweder Verkrampfung vorstelle, ein Glas Rotwein in einem Zug auszutrinken (es soll routinierte Schauspieler geben, die sich das nicht nur vorstellen!), und noch einmal an die wichtigste Botschaft meiner Rede denke. Danach richte ich mich horizontal aus, indem ich von links nach rechts durch den Raum blicke, mich in die Lage der Zuhörer*innen versetze und ein freundliches Gesicht suche, an das ich meine ersten Worte richte. Und während des Vortrags versuche ich, auf möglichst lange Pausen und unterschiedliche Stimmlagen in meinem Redefluss zu achten. Das Wichtigste bleibt für mich aber, dass ich zu hundert Prozent an das glaube, was ich vortrage. Es ist mir nicht möglich, eine authentische und gute Präsentation mit einer Botschaft zu halten, an die ich nicht glaube, oder mit Präsentations-Charts, die ich nicht selbst vorbereitet habe.

Mit den ersten Sätzen in einer Lehrveranstaltung versuche ich eine gewisse Autorität aufzubauen, indem ich die drei Gründe nenne, warum ich glaube, etwas zu dem gewählten Thema beitragen zu können. Erstens, meine Erfahrung aus der Praxis. Zweitens, meine wissenschaftliche Ausbildung. Und drittens, weil ich das, ganz ehrlich, richtig gerne mache! Dann umreiße ich kurz die Ziele des Kurses, bevor ich den Studierenden oder Schulkindern genau erkläre, wie man bei mir eine gute Note bekommt – was eine ordentliche Herausforderung ist. Und schließlich gibt es noch die wenigen Spielregeln in meiner Klasse. Mir ist es grundsätzlich wichtig, dass alle während der gesamten Kurszeit anwesend sind, weil sie aus den eigenen Erfahrungen in Rollenspielen und Diskussionen lernen sollen. Und bei Online-Unterricht bestehe ich darauf, dass sämtliche meiner Kursteilnehmer*innen stets ihre Kamera eingeschaltet haben. Denn sonst kann ich nicht erkennen, ob sie meinem Unterricht folgen können. Sobald jemand auch nur kurz die Kamera ausschaltet, bekommt er oder sie sofort eine Aufforderung geschickt, gleich wieder einzuschalten.

Es ist die Präsenz, die darüber entscheidet, ob unsere Botschaften bei den Adressaten ankommen – viel mehr als der Inhalt unserer Worte oder Präsentations-Charts. Es ist die Art, wie wir dastehen, wie wir uns bewegen, wie wir mit Pausen sowie den Höhen und Tiefen unserer Stimme Aufmerksamkeit erzeugen, aber vor allem auch wie ehrlich wir es meinen. Schulkinder spüren sofort, wenn man ihnen etwas vormacht. Fast alle Schulkinder, mit denen ich mich über das Thema unterhalten habe, finden es extrem uncool, wenn Lehrer*innen ihnen vorzumachen versuchen, eine(r) von ihnen zu sein. Anbiedernde Sprüche, mit denen man sich des Wortschatzes der Schulkinder zu bedienen versucht, kommen besonders schlecht an, weil sie nicht zu den Lehrenden passen. Das ist nicht cool, und bei ihnen schalten Schulkinder ihr Gehirn auf Durchzug.

Wir dürfen uns niemals verstellen, wenn wir vor ihnen stehen. Wir sind so, wie wir sind, kennen unsere Stärken und sind bereit, sie einzusetzen. Auch zur Durchsetzung von Disziplin. Das gibt uns Autorität. „Don't smile until Christmas", lautet eine etwas überspitzt formulierte Empfehlung an Junglehrer*innen, die Frau Freitag in ihren authentischen Erfahrungsberichten an einer Berliner Brennpunktschule zum Besten gibt, um ihnen dabei zu helfen, sich von Anfang an in ihren Klassen durchzusetzen.[14] Präsenztraining lautet meine eigene Empfehlung zur Verbesserung von authentischer Autorität, das macht viel mehr Spaß. Und ich habe den Erfolg hiervon auf den verschiedensten Bühnen gesehen, bei Führungskräften, Schauspieler*innen und Lehrer*innen.

Wir stehen nicht da, um angehimmelt zu werden, und schon gar nicht stehen wir da, um unseren Auftritt vor anderen Menschen nur irgendwie über die Bühne zu bringen. Nein, wir stehen da, weil wir etwas geben können. Und diese Autorität ist Voraussetzung für den dritten Faktor unserer Coolness-Formel: Selbstironie.

SELBSTIRONIE

Schulkinder lieben es, wenn ihre Lehrer*innen Witze machen. Aber nicht alle Witze sind cool. Gehen sie auf Kosten von anderen Schulkindern, kann man damit vielleicht ein paar billige Lacher ernten. Aber man richtet damit großen Schaden bei dem Kind an, das einem solchen sinnentleerten Auflockerungsversuch zum Opfer fällt, ohne sich auf Augenhöhe wehren zu können. Mutiger sind da schon Späße von Lehrer*innen über ihre Kolleginnen oder Kollegen – und man kann sich aufgrund des Überraschungseffekts der Lacher seiner Schulkinder ziemlich sicher sein. Aber cool sind sie nur dann, wenn man das Einverständnis seiner Zielperson hat, und man sich vielleicht dabei sogar in einer Doppelkonferenz duelliert. Ansonsten ist es ein No-Go, auf diese Art die Autorität eines Kollegen zu untergraben. Ein starkes Zeichen von Coolness ist es allerdings, wenn ein/e Lehrer*in es vermag, Witze über sich selbst zu machen. Warum ist Selbstironie so cool für junge Menschen?

Eine der größten Ängste für Schulkinder ist es, im Klassenzimmer vor allen anderen unfreiwillig bloßgestellt und ausgelacht zu werden. Sollte dies einem doch einmal widerfahren, würde man am liebsten die Klasse, die Schule oder gleich die Stadt verlassen, um irgendwo anders ein neues Leben anzufangen. Der unvermeidliche Weg am nächsten Tag zurück an den Ort des Geschehens kostet enorme Überwindung, und manche hierbei entstandenen seelische Wunden können nur mithilfe von Freund*innen, Familie oder guten Psychologen geheilt werden. Umso außergewöhnlicher erscheint es deswegen jungen Menschen, wenn sich jemand freiwillig in diese Situation begibt, indem man einen Witz auf seine eigenen Kosten macht. Nicht ständig, und auch nicht nur um der Aufmerksamkeit willen - denn man will ja nicht mit dem Klassen-Clown konkurrieren. Aber Selbstironie ist ein wesentlicher Faktor unserer Coolness-Gleichung, wenn sie maßvoll und vor allem im Zusammenhang mit bereits etablierter Autorität eingesetzt wird.

Mich haben immer schon Lehrer*innen, Universitätsprofessor*innen und später Manager*innen mit der Stärke der Selbstironie beeindruckt, und ich wollte ihnen möglichst früh nacheifern. Eine Gelegenheit dafür bekam ich vor einer Gruppe von etwa zwanzig Managern meines ersten Arbeitgebers, der Konsumgüterfirma Procter & Gamble. Ich hatte es nach nur zwei äußerst arbeitsintensiven Jahren geschafft, eine Versetzung von Wien an den Ort meines Wunsches - nach Lissabon - zu erreichen. Und zur Verabschiedung von einem wesentlich erfahreneren Manager und mir kamen fast alle Kolleg*innen zusammen, um sich ein paar letzte Worte anzuhören. Mein Kollege, der zeitgleich ins Ausland versetzt wurde, hielt erwartungsgemäß eine professionelle Rede, voll der üblichen Dankesworte, die hierarchisch streng nach oben gerichtet waren, unter Andeutung seiner besonderen Verdienste, knapp am Rande von zu viel Eigenlob, und einer etwas konstruierten Anekdote, die einen immerhin zum Schmunzeln brachte. Dann war ich als der jüngste Manager dran, der jemals einen Transfer seiner Wahl zugesprochen bekommen hatte. Ich war zu dem Zeitpunkt noch nicht einmal befördert worden, sondern trug noch immer den Titel Assistent Brand Manager. Und der Assistent Brand Manager hatte schon wochenlang darüber nachgedacht und daran gefeilt, wie er seine persönliche Note an diesem formellen Anlass hinterlassen könnte.

Keinesfalls wollte ich als der Möchtegern-Manager in Erinnerung bleiben, der seine Vorgesetzten zu kopieren versuchte, um ja nichts falsch zu machen. Nein, sie sollten sich an mich als jemanden erinnern, der seinen eigenen Weg ging und sich selbst dabei nicht allzu wichtig nahm. Und statt meine Erfolge aufzuzählen, die mir meine Versetzung vielleicht ermöglicht haben, drehte ich die Argumentationslinie um und trug stattdessen vor, warum mich meine Vorgesetzten unbedingt loswerden wollten. Und zwar wegen der zahlreichen Katastrophen, die ich in den letzten zwei Jahren so angerichtet hatte. Der Titel meiner kleinen Rede hieß „Top ten list of things that I have screwed up completely". Auf dieser Liste von zehn Dingen, die ich also komplett vergeigt hatte, standen unter anderem: der unübersehbare Kratzer, den ich mit meinem roten VW Käfer am schicken grünen Jaguar des General Managers in der Tiefgarage hinterlassen hatte. (Das ist ja so ein Moment, wo man sehr schnell zwischen Geständnis, Fahrerflucht oder Eintreten in die Fremdenlegion entscheiden muss.) Der kreisrunde blaue Fleck, der den Oberschenkel eines erfahrenen Kollegen nach einer gemeinsamen Squashpartie zierte. (Am nächsten Tag zitierte er mich auf die Herrentoilette, um mir mit heruntergelassener Hose das Prachtstück von einem Ballabdruck zu zeigen, das mein voll durchgezogener Backhand-Schlag hinterlassen hatte.) Oder mein spektakulärer Exit nach meiner ersten selbstständigen Präsentation vor dem General Manager. (Ich erwischte beim Weggehen die falsche Tür und marschierte rückwärts, schwungvoll und krachend in einen Schrank hinein.) Auf eine einstudiert launige Weise trug ich also meine zehn größten Verfehlungen vor und legte nach jedem Punkt eine Pause ein, um meinem erheiterten Publikum Gelegenheit zu geben, sich wieder zu beruhigen. Die wurde allerdings nicht benötigt. Denn es lachte niemand. Stattdessen blickte ich in vor Staunen weit aufgerissene Augen, in denen sich höchstens Sensationslust bei dem Erlebnis widerspiegelte, wie sich der junge Kollege gerade selbst demontierte. Nur ein einziger Kollege konnte sich vor Lachen kaum halten und verschwand deswegen sogar unter dem Tisch. Erst später erfuhr ich, dass er zu dem Zeitpunkt bereits gekündigt hatte und daher zu diesem Anlass besonders entspannt war. Aber was hatte ich nur falsch gemacht? Einerseits war gepflegte Selbstironie nicht ein Wert, der zu einer Firmenkultur passte, die um jeden Preis auf Erfolg getrimmt war. Noch schwerwiegender war aber, dass ich einfach noch zu grün hinter den Ohren war, um einen überraschenden Gegensatz zwischen Autorität und Selbstironie in Szene zu setzen.

Nach einiger Zeit bei Red Bull, als ich in eine Position mit dem klingenden Titel „Global Head of Marketing and Sales" aufgestiegen war und die Verantwortung über mehr als 10.000 Mitarbeitende in 160 Ländern trug, wurde hingegen über jeden Anflug von Humor, den ich in meine Ansprachen einfließen ließ, herzhaft gelacht. Meine empathische Gattin führte diese Lacherfolge aber eher auf meine höhergestellte Position im Unternehmen als auf die Qualität meiner Späße zurück. Und sie muss es wissen, denn sie hat jeden meiner Witze schon mindestens zehnmal gehört. (Meine Gattin hat beim Korrekturlesen dieses Textes übrigens darauf bestanden, die von mir ursprünglich etwas tiefer angesetzte Häufigkeit – dreimal – auf zehnmal zu erhöhen. Mindestens.)

Schulkinder und Studierende zählen zum ehrlichsten, gnadenlosesten Publikum, um die Qualität einer humorvollen Erzählung zu testen. Und ich hatte im letzten Vierteljahrhundert die Gelegenheit, so gut wie jede Anekdote meines mannigfaltigen Scheiterns einem diesbezüglichen „Lackmustest" zu unterziehen. Eine der beliebtesten ist dabei eine Story, die ich beim Thema Verhandlungstechnik zum Einsatz bringe. Nachdem ich meinen Studierenden schon mehrmals die Wichtigkeit perfekter Verhandlungsvorbereitung nahegelegt und eigene Erfahrungsberichte von Verhandlungen auf allen Erdteilen mit ihnen geteilt habe, kommen wir zu dem Thema, wie man andere Menschen sogar gegen deren Willen beeinflussen kann, indem man ihnen das Hirn ausschaltet. Dafür gibt es mehrere Manipulationstechniken, von denen die mit Abstand gefährlichste Waffe - man glaubt es kaum - der Einsatz von Sympathie darstellt. Denn Menschen, die wir mögen, können einem vieles, und Menschen, die wir lieben, können einem alles einreden! Zu diesem Zeitpunkt in meiner Lehrveranstaltung halten mich also meine Zuhörer*innen für einen erfahrenen Verhandler, der schon so gut wie alles erlebt hat und dem man nichts mehr vormachen könne. Bis ich ihnen Folgendes erzähle:

Als unsere Tochter Elena ein kleines, strohblondes Mädchen von elf oder zwölf Jahren war, führte sie mit ihrem Vater das Gespräch, das viele Mädchen in diesem Alter mit ihrem Vater führen: „Papa, darf ich ein Pferd haben?" Das ging natürlich nicht. Ich nahm mir Zeit, um ihr in Ruhe zu erklären, dass ich ihren Wunsch durchaus verstehen konnte. Sie hatte ja bereits die ersten Reitstunden absolviert, und ich freute mich darüber, mit wie viel Begeisterung sie dabei war. Aber ein eigenes Pferd war leider unmöglich. Erstens war so ein Tier eine teure Anschaffung. Zweitens waren auch die Kosten für den Stall, für Futter, Tierarzt etc. enorm. Außerdem verreisten wir oft, und wer würde sich dann um das Pferd kümmern? Schließlich wolle die kleine Elena ja einmal für ein Jahr nach England – was sollte dann mit dem Pferd geschehen? Lauter starke Argumente, wie ich fand. Damit sollte das Thema vom Tisch sein, doch nach einigen Tagen kam es wieder auf. „Papa, ich will aber trotzdem ein Pferd haben!" Nochmals ging ich in Ruhe mit meiner aufmerksamen Tochter die Argumente durch, die objektiv betrachtet den Erwerb eines eigenen Pferdes gänzlich, mit Bestimmtheit und endgültig ausschlossen: teuer, und zwar sehr, Arbeit, und zwar viel. Meine Gründe wurden ernsthaft nickend aufgenommen, dann allerdings in der falschen Gehirnhälfte geparkt. Und zwar in der vernunftorientierten. Das ist allerdings nicht die Gehirnregion, die Entscheidungen trifft. „Papa, ich will wirklich, wirklich unbedingt ein Pferd haben!" Also nochmals: teuer, viel Arbeit, also unmöglich. Meine Worte kamen aber jetzt gar nirgends mehr an, stattdessen füllten sich zwei himmelblaue Kinderaugen mit Tränchen, und die ersten kullerten auch schon über die kleinen Pfirsichbacken meiner einzigen Tochter. Mein Herz drohte zu zerreißen, und mein Hirn hatte seine Funktion komplett heruntergefahren. Was waren nochmals die Gründe dagegen? Irgendwas mit Geld und so? War Geld echt so wichtig? „Papa, ich möchte wirklich soooo unbedingt gerne ein Pferd haben!"

Einige Zeit später hatten wir vier Pferde. Vier!

Ich unterrichte Student*innen an drei verschiedenen Top-Universitäten über die Gefahren von Manipulationstechniken. Und ich verhandle seit Jahrzehnten erfolgreich mit ausgefuchsten Geschäftspartnern auf der ganzen Welt. Aber meine kleine Tochter kann mich dermaßen um den Finger wickeln? Ich weiß, dass ich mit dieser Geschichte den letzten Rest an Glaubwürdigkeit und Autorität verloren habe. Es wird mir auch nicht viel helfen, wenn ich präzisiere, dass von den vier Pferden nur eines gekauft und drei gemietet waren. Und jetzt gebe ich mir autoritätsmäßig den Rest: Elena redete mir nicht nur ihre sensible Schimmelstute namens „Cleo" ein, sondern sie brachte mich auch dazu, selbst mit dem Reiten anzufangen, später sogar mit dem Springreiten. Und samstagvormittags trainierten unter den Fittichen der strengen Springreit-Trainerin: eine Gruppe von fünf bis sechs Teenager-Mädchen. Und ich auf meinem alten Wallach „Farmer". Mein Pferd und ich hatten übrigens viel gemeinsam. Auch Farmer steckte tief in seiner Midlife-Crisis, hielt sich trotz seines fortgeschrittenen Alters noch immer für ein junges Wettkampf-Pferd, und für einen flotten Hengst sowieso ...

Ich halte es für die feine Kunst der Selbstironie, zunächst seine Autorität aufzubauen und sie dann zum gegebenen Zeitpunkt so stark zu erschüttern, dass es die Schulkinder nicht nur zum Lachen bringt, sondern dass sie daraus einen starken Lerneffekt mitnehmen. Sie sollen sich später daran erinnern, wenn sie sich selbst in einer ähnlichen Situation wiederfinden werden. Und dann können sie sich ja immer noch dafür entscheiden, von den Menschen, die sie bedingungslos lieben, dermaßen über den Tisch gezogen zu werden ...

Der Faktor Selbstironie komplettiert damit unsere Coolness-Formel, denn eine Prise Humor muss einfach sein, um bei seinen Schützlingen einen positiven, bleibenden Eindruck zu hinterlassen, zusammen mit echter Leidenschaft und authentischer Präsenz. Und darum geht es, wenn wir bei unseren Kindern eine endlose Liebe zum (Weiter-)Lernen entfachen wollen. Oder können Sie sich noch an viele Lehrinhalte erinnern, die Ihnen leidenschaftslose, durchsetzungsschwache und humorlose Pädagog*innen zu vermitteln versuchten?

ZUSAMMENFASSUNG DES VIERTEN SCHRITTES: SO GEHÖRT MAN ZU DEN COOLEN LEHRER*INNEN

In einem Leuchtturm der Bildung sind überdurchschnittlich viele Lehrer*innen im Einsatz, die unter den Schulkindern als cool gelten. Von coolen Lehrer*innen kann man aufgrund ihrer Vorbildfunktion viel mehr lernen, und sie helfen einem dabei, eine lebenslange Liebe zum Lernen zu entwickeln. Es würden viel mehr Lehrer*innen als cool gelten, wenn sie nicht von starren Vorgaben des Schulsystems, verstaubten Lehrplänen oder veränderungsresistenten Vorgesetzten gebremst würden. Die Folge sind leider häufig Resignation und Dienst nach Vorschrift – und das ist so etwas von uncool für unsere Kinder!

Die Transformation des Lehrkörpers als Teil der Schulrevolution besteht darin, gegen die Kräfte der Mittelmäßigkeit zu rebellieren, sodass man sich weder dafür schämen noch dafür verantworten muss, wenn man voll Leidenschaft ungewöhnliche Wege im Unterricht einschlägt. Die coolen Lehrer*innen sollen zur Mehrheit werden!

Alle Mitglieder des Lehrkollegiums, denen dies ein Anliegen ist, können mit der vorgeschlagenen Formel etwas zu dieser sanften Rebellion beitragen:

Coolness = Leidenschaft x Präsenz x Selbstironie

Die Leidenschaft zum Unterrichten ist eine Grundvoraussetzung. Wenn man niemals Schmetterlinge im Bauch dabei empfindet, jungen Menschen etwas beibringen zu dürfen, ist man im falschen Beruf tätig. Arbeiten sollten alle Lehrer*innen an der Präsenz, die sie im Klassenraum ausstrahlen. So wie authentische Schauspieler*innen auf der Theaterbühne, können sie mit ihrem Auftreten, ihrem Einfühlungsvermögen, dem klangvollen Einsatz ihrer Stimme und authentischer Körpersprache ihr Publikum in den Bann ziehen. Sie können damit natürliche Autorität aufbauen, die für den Einsatz des letzten Coolness-Faktors eine Voraussetzung ist: die Selbstironie als Stärke, sich über sich selbst lustig machen zu können.

Wie geht es nun weiter mit unserer sanften Schulrevolution? Mit den ersten vier Schritten haben wir schon entscheidenden Schwung aufgenommen. Der erste rebellische Schritt hat im Kopf stattgefunden: Wir sind vom Prinzip des Stärken-Stärkens überzeugt und geben Schulkindern und Kolleg*innen überwiegend stärkenorientiertes Feedback. Dann haben wir gemeinsam mit der Schulgemeinde ein sinnstiftendes Leitbild für unsere Schule gesucht und gefunden. Als Leuchtturmwärter des Leitbildes führt der Schul-CEO die Schule nach modernen Leadership-Prinzipien und schafft damit ein ermutigendes Umfeld für coole Lehrer*innen.

Hätten Sie Lust, auf solch eine Schule zu gehen? Das fühlt sich doch gut an! Dabei sind wir erst auf halbem Wege! Denn es gibt noch viele wichtige Menschen, die etwas dazu beitragen können, einen Leuchtturm der Bildung für unsere Kinder zu erschaffen. Einige von ihnen wollen wir im nächsten Kapitel mit an Bord holen.

SCHRITT

WIR MACHEN SCHULE!

WER MACHT WAS: ELTERN, SCHÜLERVERTRETER UND SPONSOREN

WARUM VERÄNDERUNGSPROZESSE SCHEITERN

Fast alle Reformen oder Veränderungsprozesse scheitern. Das hält uns aber nicht davon ab, immer wieder aufs Neue das zu versuchen, was auch schon bisher nicht funktioniert hat: anderen Menschen zu sagen, dass sie ihr Verhalten ändern sollen. Albert Einstein hat einmal gesagt: „Die reinste Form des Wahnsinns ist es, alles beim Alten zu lassen und zu hoffen, dass sich etwas ändert." Und dennoch machen wir es weiterhin – und scheitern.

Harvard-Business-School-Professor John Kotter hat in seinem bahnbrechenden Aufsatz *Leading Change: Why Transformation Efforts Fail,* der 1995 in der Harvard Business Review veröffentlicht worden ist, acht kritische Gründe aufgelistet, warum Veränderungsversuche so häufig fehlschlagen. Darauf aufbauend, ist John Kotter mit seinem Acht-Stufen-Modell eines Veränderungsprozesses in der Managementwelt berühmt geworden.[15] Und zwar deswegen, weil dieses Modell tatsächlich funktioniert. Ich habe gemeinsam mit meinen Teams das Modell mehrfach angewendet, wie zum Beispiel bei der Errichtung der Red Bull Deutschland GmbH im Zuge der sogenannten „Dosenpfand"-Krise. Dafür wurde ich firmenintern mit dem prestigeträchtigen Titel „Bulle des Jahres" geehrt, und sogar den „Goldenen Zuckerhut" – eine Art „Oscar" des deutschen Lebensmittelhandels – durfte ich in Berlin in Empfang nehmen. Dabei hatten wir speziell die Erkenntnisse der ersten Stufe aus Kotters Modell beherzigt: das Ausnützen einer Krise.

Das Erzeugen eines „sense of urgency", also das Dringlichkeitsgefühl als entscheidenden ersten Schritt zur Veränderung, hatte aber auch schon Winston Churchill erkannt, der als britischer Premierminister gegen Ende des Zweiten Weltkrieges gesagt haben soll: „Never let a good crisis go to waste“ (man soll niemals eine gute Krise vergeuden). Denn in einer Krise sind wir Menschen, ist unser Gehirn bereit zur Veränderung. Wenn wir hingegen das Gefühl haben, die Dinge laufen ohnehin gut, dann verteidigen wir lieber den Status quo, als über Verbesserungen nachzudenken. John Kotter hat weiters begründet, dass die Gefühle von Menschen wesentlich entscheidender für Verhaltensveränderungen sind als das analytische Denken. Das Herz gewinnt über das Hirn! Daher genügt es nicht – was die meisten von uns versuchen –, anderen Menschen zu sagen, was sie zu tun haben. Wir brauchen starke Gefühle, die die Veränderung herbeisehnen. Und das kann eine handfeste Krise liefern.

Sind unsere Schulen in der Krise? Spätestens in den herausfordernden Pandemiezeiten mit den frustrierenden Erfahrungen des Homeschoolings hat sich bei Millionen von Eltern und Pädagog*innen das Kotter'sche Dringlichkeitsgefühl auf eine ernstzunehmend reale Weise eingestellt. Aber es gibt noch immer mächtige beharrende Kräfte, die dies verneinen. Mich hat besonders folgende Aussage fast zur Verzweiflung gebracht: Die Brandenburger Bildungsministerin und damalige Präsidentin der Kultusministerkonferenz Britta Ernst – verheiratet mit dem heutigen deutschen Bundeskanzler Olaf Scholz – wurde in einem *stern*-Interview für die Ausgabe am 21. 1. 2021 gefragt, warum das „Whatever it takes – koste es, was es wolle“-Prinzip nicht für die Bildung gelte. Ihre Antwort: „Der Vergleich hinkt. ... In den Schulen sind keine Arbeitsplätze gefährdet; die Schulen sind nicht in ihrer Existenz gefährdet.“ Stimmt, die öffentlichen Schulen sind nicht in ihrer Existenz gefährdet. Aber unsere Schulkinder sind es!

Wie kann nur die oberste Bildungsverantwortliche Deutschlands eine einmalige Gelegenheit für eine tiefgreifende Bildungsreform ungenützt vorüberziehen lassen – wobei man denselben Vorwurf auch den politisch Verantwortlichen in Österreich und der Schweiz machen muss.

Die Erfahrungen der Pandemiekrise sind eine Jahrhundertchance für unser Bildungssystem! Und diese Chance ist so gut wie vertan. Niemals zuvor war die Bildungskrise so stark im kollektiven Bewusstsein verankert wie jetzt! Gleichzeitig wurden Milliarden von Euro mit „Wumms" (so die Wortwahl von Bundeskanzler Scholz) zur Rettung der Wirtschaft bereitgestellt. Das ist sicher eine bemerkenswerte Leistung, die ohne Krisenmodus ebenfalls nicht möglich gewesen wäre. Nur leider hat die Bildung als der wichtigste, nachhaltigste, langfristig renditehöchste (hohes Bildungsniveau bedeutet höheres Einkommen, höhere Steuerleistung und geringere Sozialkosten) Wirtschaftszweig nicht die ihm gebührende Aufmerksamkeit bekommen – weder in Deutschland noch in Österreich oder der Schweiz. Für mich war das ein Moment, in dem ich die Hoffnung auf eine grundlegende Bildungsreform „von oben" aufgegeben habe. Den Glauben an die Notwendigkeit einer sanften Bildungsrevolution „von unten" hat dies allerdings umso mehr gestärkt. Und ich weiß, dass ich damit nicht allein bin. Die aktuelle Studie „Jugend in Österreich Sommer 2022" gibt mir dabei statistisch recht: 66 Prozent der vierzehn- bis 29-jährigen Österreicher*innen sind demnach mit dem Bildungssystem nicht zufrieden.[16] Wir sind eine qualifizierte Mehrheit!

Von der Krise, in der sich unsere Schule in St. Gilgen befand, bevor wir Eltern sie übernahmen, habe ich eingangs des Buches schon geschrieben. Wir sind alle der vollen Überzeugung, dass wir uns ohne diese Krise niemals so entwickelt hätten und niemals zu einer Zusammenarbeit im Zeichen des Miteinanders und des Vertrauens gefunden hätten. Nur aus der Krise heraus konnten wir nach Kotters Modell nach der ersten Stufe („creating a sense of urgency") auch die zweite Stufe erreichen: „Forming a powerful guiding coalition". Denn allein kann man gar nichts bewegen. Nur wenn man ein starkes Team formen kann, das sich untereinander vertraut, ist ein erfolgreicher Veränderungsprozess möglich. Dies funktioniert nicht ohne ein gemeinsames Warum, das wir in Form eines Schul-Leitbildes bereits entworfen haben. Damit haben wir die dritte Stufe von Kotters Modell erklommen: „Creating a vision". Aber jetzt verlassen wir dieses Modell wieder, denn die anderen fünf Stufen sind für unser Leuchtturmprojekt nicht so wichtig wie die grundlegenden ersten drei.

Die wichtigsten Leistungsträger der Schulgemeinde als „guiding coalition" werden wir in diesem Kapitel aber noch genauer ansehen. Sie sind geeint in ihrem Krisenbewusstsein, einem fast rebellischen Mut zur Veränderung und einem Glauben an das Leitbild der Schule als gemeinsames Warum. Aber das wirklich revolutionäre unter diesen Menschen ist ein Paradigmenwechsel in ihrer Einstellung zur Schule. Frei nach John F. Kennedys berühmter Antrittsrede als Präsident der USA fragen sie nicht, was die Schule für sie tun könnte. Sie fragen, was sie selbst für die Schule tun können. Dieser Schritt ist entscheidend für die Entwicklung von der Schulgemeinde hin zu einer Schulgemeinschaft.

DIE KRAFT DER ELTERN

Eltern können eine treibende Kraft hinter der sanften Schulrevolution sein. Dafür ist es natürlich nicht unbedingt notwendig, eine Schule zu übernehmen und selbst zu führen. Wobei – empfehlen kann ich es aus tiefster Überzeugung! Wir lieben das, was wir tun! Und wir haben ein tiefes Gefühl der Sinnhaftigkeit angesichts der Investitionen von Zeit und Geld in das allerhöchste Gut – die Zukunft unserer Kinder. Ich habe allerhöchsten Respekt für alle Eltern, die sich an der Schule ihrer Kinder engagieren. Gestehen muss ich allerdings, dass wir uns als Eltern zunächst auch nicht im Elternverein unserer Schule integriert haben. Wir dachten, das läuft ja eh alles. Und alle Eltern können ohnehin nicht im Elternverein mitwirken. Allerdings weiß ich heute, dass ohne funktionierenden Elternverein mit Gert und Christian an der Spitze die Rettung der Schule nicht initiiert worden wäre. Unabhängig davon, ob sich Eltern im Elternverein engagieren oder nicht, können sie ungemein wertvolle Beiträge zur Schaffung eines Leuchtturms der Bildung leisten.

Der wichtigste Schritt für alle Eltern ist die Verinnerlichung des im ersten Kapitel beschriebenen Prinzips des Stärken-Stärkens. Entgegen der Defizitorientierung unserer Gesellschaft sollten wir nach den Stärken bei unseren Kindern und Mitmenschen suchen – und sie ihnen auch sagen. Auch Lehrer*innen sind Menschen, die sehr lange von einem ernst gemeinten Lob leben können. Gewohnt waren sie es bisher nicht, gelobt zu werden. Daher sind ein paar positive Worte von Eltern über das, was sie im Unterricht besonders gut machen, unheimlich wertvoll für sie. Sie können die positive Energie von Schmetterlingen im Bauch auslösen, und vor allem führt es dazu, dass das positiv bewertete Verhalten im Unterricht vermehrt angewendet wird. Darin sind sich Lehrer*innen und Schulkinder bemerkenswert ähnlich ...

Was aber können Eltern konkret für den Erfolg einer Schule als Ort exzellenter Bildung beitragen? Ich muss gestehen, dass ich die hochgeschätzten Eltern der Kinder an unserer Schule hinsichtlich ihrer Einsatzbereitschaft für die Schule in drei Kategorien oder Schubladen eingeteilt habe: In der ersten Schublade stecken die unsichtbaren Eltern, die niemals an der Schule auftauchen und auch nicht aktiv werden. Bei ihnen gehe ich davon aus, dass sie mit unserer Schule als Bildungseinrichtung für ihre Kinder zufrieden sind und es daher keinen Handlungsbedarf gibt. In der zweiten Schublade stecken die chronisch unzufriedenen Eltern. Ihnen kann man es niemals recht machen, und häufig lassen sie ihren im Berufs- oder Privatleben aufgestauten Ärger bei denjenigen Mitmenschen ab, die ihnen in die Finger geraten. Ich persönlich versuche diese Schublade möglichst ungeöffnet zu lassen. Wenn ich solchen Eltern auf der Straße begegne, grüße ich höflich und simuliere sofort einen eingehenden wichtigen Telefonanruf, bei dem es um Leben und Tod geht. Dabei ist Kritik durchaus wertvoll, wenn sie konstruktiv eine Verbesserung anregen will. Bei Kritik an Lehrer*innen bestehen wir darauf, dass diese faktenbasierend zunächst den Lehrer*innen selbst und dann deren Abteilungsleiter*innen vorgetragen wird. Wenn das nichts nützt, kann der nächste Schritt an die Schuldirektorin erfolgen, bevor als letzte Eskalationsstufe das Board als Eigentümervertreter der Schulstiftung und ich selbst damit befasst werden können. Aber wir bestehen aus Prinzip darauf, dass zunächst die Betroffenen selbst von der Kritik zu hören bekommen und dass die Eskalation niemals hinter deren Rücken erfolgt.

Auf der dritten Schublade schließlich glänzt ein großer Stern. Hier sind die Stars unter den Eltern, die fundamental wertschöpfend zum Erfolg der Schule und zum Wohle der Kinder beitragen. Und zwar aufgrund ihrer Stärken, die häufig ihre Berufserfahrung mit sich gebracht hat. Ich denke dabei an jene alleinerziehende Mutter, die als erfolgreiche Hotelchefin trotz ihrer vielen Verpflichtungen (fünf Kinder, ein Hund ...) dazu bereit war, für die Schule mit den Restaurants in St. Gilgen professionelle Verhandlungen zu führen. Niemand anderes hätte besser vermitteln können, dass die Schulkinder bei verschiedenen Gastronomiebetrieben im Ort hochwertiges, gesundes Essen zu einem fairen Preis bekommen, von dem unsere Partnerbetriebe auch gut leben können. Eine andere Mutter brachte Ordnung in unser Schuluniform-Chaos und stellte sogar den Kontakt zu einem Sportausrüster her, der die Kinder mit kostenloser Sportkleidung ausstattete. Ein Vater kommt aus der IT-Branche und steht mit seiner Expertise für computertechnische Herausforderungen zur Verfügung, bei denen die meisten nicht einmal die Fragestellung verstehen. Eine weitere Mutter ist in der Kunstwelt gut vernetzt und brachte inspirierende Vortragende an unsere Schule, wie zum Beispiel die Autorin des Bestsellers *Wüstenblume* Waris Dirie. In dieser Schublade mit Stern sind auch alle Eltern, die die Schule finanziell unterstützen und damit dazu beitragen, dass mithilfe von Stipendien auch zahlreiche Kinder in unsere Schule gehen können, deren Eltern sich das Schulgeld nicht leisten können. Und einen besonders strahlenden Stern trägt meine wundervolle Gattin mit ihrem Talent für Innenarchitektur und ihrer Stärke im Umgang mit Handwerkern. Sie hat es zum Beispiel geschafft, dass ein altes Hotel zu einem gemütlichen Internatshaus (mit allen Sicherheitsauflagen!) umgestaltet worden ist – während eines Sommers, mit Mini-Budget und natürlich ehrenamtlich! Es grenzte an ein

Wunder. Und ich glaube, es hat auch damit zu tun, dass alle Handwerker ihr ihre Lebensgeschichte erzählen durften, während sie ihnen voll Einfühlungsvermögen zugehört hat. Auch jetzt noch lassen sie alles liegen und stehen, wenn Angelika sie bittet, wieder mal in der kurzen Ferienzeit einen Auftrag für unsere Schule zu erledigen.

Ohne diese und viele andere Eltern, die ich hier nicht alle aufzählen kann, wäre unsere Schule nicht der Ort, der sie jetzt ist. Und ohne die Krise des drohenden Zusperrens hätten nicht so viele Eltern Verantwortung übernommen und ihre Beiträge entsprechend ihren Möglichkeiten geleistet. Erst in der Extremsituation der drohenden Schulschließung haben so viele Eltern den Schalter umgelegt von „Wir zahlen viel Geld für eine Privatschule und verlangen Top-Qualität“ auf „Was können wir beitragen, damit diese Schule noch mehr für unsere Kinder tun kann?“. Mit dieser Änderung der Denkweise wurden wir eine Schulgemeinschaft – mit einem starken Gefühl von Sinnhaftigkeit, Vertrauen und Wärme. Entscheidend ist die Haltung der Eltern als Stützen unserer Gemeinschaft, ohne die unser Leuchtturm akut einsturzgefährdet wäre.

DIE EINBEZIEHUNG DER SCHÜLERVERTRETER*INNEN

Frage: In welche Schulthemen soll man die Schülervertreter*innen einbinden?

Antwort: In alle.

Wir sollten den jungen Menschen, deren Zukunft an ihrer Schule gestaltet wird, viel mehr Verantwortungsbewusstsein zutrauen, als wir es bisher taten. Und die bestmögliche Einbeziehung von Hunderten von Schulkindern erfolgt über ihre Schülervertreter*innen, die sie selbst für diese Funktionen gewählt haben. An der StGIS mit ihren derzeit knapp 230 Schüler*innen wird nicht nur der Student Head of School – der Schulsprecher bzw. die Schulsprecherin – alljährlich gewählt. Wie in einem modernen Betrieb werden die Führungsaufgaben auf mehrere Verantwortliche für bestimmte Themenfelder verteilt. Der Schulsprecher führt nämlich ein Team von acht weiteren Schülervertreter*innen mit unterschiedlicher Spezialisierung. So gibt es einen Prefect für akademische Fragen, einen für Kommunikation, je einen Vertreter der weiblichen und männlichen Internatskinder, einen Prefect für die vom IB-Programm vorgeschriebenen CAS-Projekte (die Abkürzung steht für Creativity, Activity, Service), einen Prefect für Nachhaltigkeit, einen für soziale Events, und einen eigenen Repräsentanten für die jüngeren Schüler*innen im Middle-Year-Programm. Sie werden in alle Schulprojekte miteinbezogen, weil ihre Meinungen wichtig sind und zur Qualität der Entscheidungen maßgeblich beitragen.

Auch die anderen Schülerinnen und Schüler leisten ihre Beiträge in der Schulgemeinschaft, und zwar meistens freiwillig, aber nicht nur. So übernehmen ältere Schüler*innen Aufgaben im Mentee-Programm, bei dem sie sich um jüngere Schulkinder kümmern, sie organisieren Zusammenkünfte der gesamten Schulgemeinschaft oder soziale Aktivitäten, in die nach Möglichkeit auch die Bevölkerung der Heimatgemeinde St. Gilgen einbezogen werden soll. Sie kümmern sich um Einführungstage für Mitschüler*innen, die neu in St. Gilgen angefangen haben. Und besonders beliebt sind Schulführungen für Familien, die unsere Schule kennenlernen wollen. Denn unsere Schülerinnen und Schüler sind stolz auf ihre

Schule und die Möglichkeiten, die sie hier bekommen – und fast jede Woche machen sie Führungen für interessierte Familien, die sie mit ihrer Begeisterung anstecken und deren Fragen sie frei heraus beantworten. Familien, die einmal den Fuß über die Schwelle der StGIS gesetzt haben, entscheiden sich fast immer dafür, unserer Schule ihre Kinder auf Dauer anzuvertrauen.

Schließlich halte ich auch viel davon, Schulkinder in ein Feedbacksystem für ihre Lehrer*innen miteinzubeziehen. An den Universitäten, an denen ich unterrichte, ist das Studierendenfeedback seit über zwanzig Jahren eine Selbstverständlichkeit. Ein Grund für die Attraktivität von Feedbacksystemen ist die menschliche Sehnsucht nach positiven Bewertungen und Lob. Wir Dozent*innen tun zwar so, als wüssten wir ohnehin, wie gut unsere Kurse bei den Studierenden ankommen. Das ist aber ein reiner Bluff. In Wirklichkeit stürmen wir an unsere Computer, sobald die Feedback-Ergebnisse heraußen sind, und voll Emotionen und der einen oder anderen Träne der Rührung freuen wir uns wie kleine Kinder über jede Andeutung von Lob in den Bewertungen – egal, ob es in Zahlenform oder in Textkommentaren herüberkommt. Nur zu gerne würden wir wissen, wie unser Feedback im Vergleich zu den anderen Kolleginnen und Kollegen liegt. Direkt finden wir das meistens nicht heraus, aber man kann es ja mit hinausgeseufzten Andeutungen in der Cafeteria probieren. „Tja, wieder 100 Prozent bei Weiterempfehlung, läuft ja ..." – das kann den Herrn Honorarprofessor beim Jonglieren des Cappuccinos zum Nachbartisch schon mal erblassen lassen – was für ein stilles Triumpherlebnis!

Besonders wertvoll ist es, wenn sich die Studierenden Zeit für Verbesserungsvorschläge oder Kritik nehmen. Aufgrund dieser

Anregungen habe ich meine Lehrveranstaltungen schon mehrfach umgestaltet oder einzelne Teile aus dem Programm genommen. Früher habe ich beispielsweise in meinem Kurs über Verhandlungstechnik eine Diskussion über das Thema angestoßen, ob Männer oder Frauen bessere Verhandler seien. Es gibt natürlich keine eindeutige Antwort auf diese Frage, aber die Diskussion verlief immer spannend, teilweise auch emotional. Seit ich aber in meinen Feedbackbögen vermehrt gelesen habe, dass diese Diskussion auf eine Art und Weise Stereotype bedient, die in der heutigen Zeit nicht mehr angemessen sind, habe ich diesen Programmpunkt respektvoll gestrichen. Und nicht zu vergessen – ohne Studierendenfeedback hätte ich ja nie erfahren, dass es auf diesem Planeten Lebewesen gibt, die mich für den „coolsten Professor" halten!

An unserer Schule in St. Gilgen haben wir allerdings selbst noch keine Erfahrung mit einem formellen Schüler-Feedbacksystem für Lehrer. Wir sind derzeit dabei, ein solches in behutsamer Abstimmung mit allen Betroffenen einzuführen. Denn es ist wichtig, dass unsere Lehrer*innen dieses Feedbacksystem nicht als Kontrollinstrument begreifen, sondern als eine wertvolle Informationsquelle, die etwas dazu beitragen kann, den Unterricht weiter zu optimieren. Und selbstverständlich ist auch die Gestaltung unseres Schüler-Feedbacksystems eine wichtige Angelegenheit, in die die Schülervertreter*innen von Beginn an miteinbezogen werden.

Schülervertreter*innen sind große Vorbilder für ihre Mitschüler*innen, und es tut sogar richtig weh, wenn sie mit ihrem IB-Abschluss in die Welt hinausgehen, um ihre Stärken an anderen Orten zum Einsatz zu bringen. In St. Gilgen wird der erfolgreiche

IB-Abschluss traditionell mit einer Zeremonie am Wolfgangsee gefeiert, zu der Freunde, Freundinnen und Verwandtschaft in Anzug und Abendkleid erscheinen. Außer den gefühlvollen, stärkenorientierten und überaus humorvollen Lobeshymnen für Absolvent*innen und ihre Wegbegleiter*innen ist es speziell auch die Wiener-Walzer-Choreografie der jungen Schulabgänger, die so manche Augenzeugen das Taschentuch zücken lässt, und nicht nur die weiblichen. „Entschuldigen Sie bitte, könnten Sie eventuell etwas leiser schluchzen? Ich versuche nämlich gerade zu filmen ...", wurde meine mitfühlende Frau von einer ihr unbekannten Dame angesprochen – dabei waren es gar nicht unsere Kinder, die da gerade verabschiedet wurden! Am Ende der Feier besteigen dann alle Absolvent*innen ein Schiff, das sie – Eltern und Lehrkörper sind auf dem Schiff nicht zugelassen – zur After-Party an einen anderen Ort am Wolfgangsee bringt – mit der wir als Schule zum Glück nichts mehr zu tun haben. Aber dieser schwere Abschied, den wir mit dem Ablegen des Schiffes bildlich verankern, darf kein Auf-Nimmerwiedersehen sein.

Denn auch nach dem Verlassen ihrer Schule sind die Absolvent*innen von großer Bedeutung für eine Schule als Leuchtturm der Bildung. Sie sind mit ihrer Schule emotional tief verbunden und tragen ihr Andenken in die Welt hinaus. Unbedingt sollte die Schule Kontakt mit ihren Alumni halten und selbst dafür Sorge tragen, dass eine Association oder ein Verein gegründet und von aktiven Repräsentant*innen gepflegt wird, der die jährlich wachsende Zahl von Absolvent*innen vertritt – und sie regelmäßig wieder an ihre Schule zurückführt! Vom Erfolg unseres Homecoming-Weekends habe ich an anderer Stelle schon erzählt, aber so aufwendig muss das Wiedersehen gar nicht unbedingt gestaltet werden. Auch ein alljährlicher Grillabend zu Sommerbeginn kann ein wundervoller Anlass sein, zahlreiche Alumni wieder an den früheren Ort ihres Wirkens zu locken, um sich gegenseitig von den Heldentaten vergangener Zeiten zu erzählen und dabei ein weitgefächertes Netzwerk auszubauen. Manche Schulen laden ihre Alumni zu einem alljährlichen Schulfest ein, oder auch zu einem Schulball. Es empfiehlt sich auf alle Fälle, viel Zeit, Liebe und Engagement in die Pflege eines starken Alumni-Netzwerkes zu stecken. Nicht zuletzt auch deswegen, weil dieses Netzwerk entscheidend sein kann für das Finden von finanziellen Quellen, die ganz erheblich zum Erfolg eines Leuchtturms der Bildung beitragen: den Sponsoren einer Schule.

VERHANDELN MIT SPONSOREN

Der Umgang mit Sponsoren ist ein komplexes und entscheidendes Feld. Denn das Schulbudget, das sie zur Verfügung haben, reicht wahrscheinlich nicht für das, was sie vorhaben, um einen Leuchtturm der Bildung zu erschaffen. Sie werden sich schon an einigen Stellen dieses Buches gedacht haben, „also bei unserer Schule geht das einfach nicht", weil die finanziellen Mittel dafür fehlen. Das war beim Start unseres Schulprojektes in St. Gilgen nicht anders. Wir haben mit null Budget begonnen, da die Schule keinen Euro aus öffentlichen Förderungen bekommt. (Eigentlich haben wir sogar bei weniger als null begonnen, da wir ja die Schul-GmbH zunächst aus einer Insolvenz herausführen mussten.) Wir sind also finanziell in ein eiskaltes Becken gesprungen und mussten sofort schwimmen lernen. Armzug – Beinschlag – Armzug – Beinschlag – Armzug ... und nach ziemlich genau fünf Jahren waren wir finanziell aus dem Wasser, wie uns der gestrenge Herr Wirtschaftsprüfer beim Jahresabschluss bestätigte. In dieser Zeit haben wir jeden Euro an Ausgaben umgedreht und bewertet, ob er den Schulkindern zugutekommt. Die Qualität der Schule und professionelles Marketing haben dafür gesorgt, dass die Schülerzahl von neunzig auf derzeit knapp 230 anstieg. Und wir haben sehr viel über den Umgang mit unseren Sponsoren gelernt, die wir als Mitglieder unserer Schulgemeinschaft betrachten. Dieses Wissen gebe ich gerne in diesem Buch an all jene weiter, die zusätzliche Mittel zugunsten ihrer Schützlinge gut brauchen können.

Zunächst hat eine Schulorganisation zu klären, welche Personen sich an potenzielle Sponsoren im Namen der Schule und ihrer Kinder wenden sollen. Und auch dies muss eine stärkenorientierte Entscheidung sein! Die Auserwählten sollten sich leicht dabei tun, mit Menschen ins Gespräch zu kommen, und sie müssen mit Leidenschaft die Werte der Schule vertreten können. Eine gewisse Hartnäckigkeit ist unumgänglich, denn man bekommt natürlich eine Vielzahl von Absagen im Vergleich zu den wenigen Zusagen in den Sponsorengesprächen. Idealerweise übernehmen mehrere Eltern, die sich untereinander genau abstimmen, diese wichtige Verantwortung für ihre Schule. Der Schul-CEO müsste auch gut dafür geeignet sein, sollte aber aufgrund der vielen Leerläufe bei der Sponsorensuche nach Möglichkeit entlastet werden. Aber auch Lehrer*innen sind häufig diesbezüglich gefordert, insbesondere wenn sie zusätzliche Mittel auftreiben wollen, die nur ihre Klassen betreffen.

Egal, ob Sie als Eltern, als Schul-CEO oder Lehrer*in mit Sponsoren reden – tun Sie dies nie als Bittsteller! Sie sind nicht Teil einer gesichtslosen Masse von Almosenempfängern – nein! –,

Ihnen geht es um nichts weniger als die Zukunft unserer Kinder! Und im Interesse der Kinder suchen Sie nach Partnern, die einen sinnstiftenden Beitrag dazu leisten können und wollen. Sie wollen nichts geschenkt, sondern Sie bieten eine Leistung für eine Gegenleistung, und Sie bieten den Sponsoren vor allem das Gefühl, ihren Beitrag nirgendwo anders sinnvoller und mit derart unmittelbarer Auswirkung auf die glänzende Entwicklung von Kindern einsetzen zu können. Mit dieser Einstellung gehen Sie am besten ans Werk - und es wird trotzdem nicht leicht werden, Sponsoren für Ihren Leuchtturm der Bildung an Land zu ziehen. Ich halte mich - in aller Bescheidenheit - für einen erfahrenen Verhandlungsführer, der im letzten Vierteljahrhundert Verträge mit den grimmigsten Partnern rund um den Erdball verhandelt hat, und dabei so manche Narbe davongetragen hat. Nicht nur seelische, auch körperliche. Denn einmal geriet die Chefeinkäuferin eines Lebensmittelkonzerns während einer Verkaufsverhandlung dermaßen in Rage, dass sie wutentbrannt mit ihren Extremitäten um sich schlug. Dabei traf mich ihr Fuß unter dem Tisch mit voller Wucht am Schienbein, sodass ich mich beinahe wie ein italienischer Fußballprofi leidend auf dem Boden gewälzt hätte. Zudem unterrichte ich Kurse in Verhandlungstechnik - basierend auf dem Harvard Program on Negotiation. Es mangelt mir also weder an theoretischem Wissen noch an praktischer Erfahrung. Und trotzdem ziehe ich regelmäßig ergebnislos aus vielversprechenden Sponsorenterminen ab und fühle mich dann stets als Komplettversager.

Aber wenn ich mit einem Sponsor zu einem Abschluss komme, der Kindern den Besuch an unserer Schule ermöglicht, deren Eltern sich das Schulgeld nicht leisten könnten, würde ich am liebsten die ganze Welt umarmen und auf der Straße tanzen (und manchmal mache ich das auch). Es fühlt sich an wie ein entscheidendes Tor beim Fußball, das Überqueren der Ziellinie bei einem Ironman-Triathlon oder wie das erste Abheben aus dem Wasser beim Wingfoilen. Wie Fliegen! Die folgenden Tipps zum Verhandeln mit potenziellen Sponsoren können den Erfolg zwar nicht garantieren, aber die Chancen dafür wesentlich verbessern.

WOFÜR BRAUCHEN WIR DAS GELD?

Fragen Sie nicht wegen einer allgemein gehaltenen Unterstützung „für die Schule“ oder „für die Bildung“ an. Viel erfolgversprechender ist es, für einen speziellen Grund zu werben, der dem Sponsoren-Partner auch am Herzen liegen könnte. Recht gut funktioniert im Fall der StGIS die Anfrage, ob ein Partner die Finanzierung einzelner Stipendien für Kinder übernehmen würde, deren Eltern sich das Schulgeld nicht leisten können. Für eine Zusage bieten wir nicht nur das Netzwerk der Schule als eine Werbeplattform, oder auch die Verwendung der Produkte des Partners an der Schule. So werden beispielsweise an unserer Schule die Fruchtsäfte einer Partnerfirma getrunken, und die Schulbusse waren vier Jahre lang ausschließlich von der Marke einer Autofirma, die unser Stipendienprogramm unterstützte. Aber noch wichtiger ist es, dass die unterstützten Kinder keine anonyme Masse darstellen, sondern es den Partnern bewusst ist, welchen Kindern sie konkret die Chance einer exzellenten Schulbildung ermöglichen. Wir räumen unseren Partnern ein Vorschlagsrecht ein, und manche Sponsoren wünschen sich beispielsweise Kinder aus der Region, Kinder aus einem speziellen Bundesland, Kinder aus Syrien und derzeit besonders Kinder aus der Ukraine, die sie gerne unterstützen wollen.

Die Letztentscheidung über die Aufnahme von Kindern in das Stipendienprogramm der StGIS obliegt dann aber stets der Stipendienkommission der StGIS. In dieser Kommission prüfen wir Ende März alle bis zu diesem Zeitpunkt eingelangten Bewerbungen für das kommende Schuljahr hinsichtlich folgender Kriterien: Erstens müssen die Eltern ihre Einkommenssituation offenlegen und damit beweisen, dass sie sich das gesamte Schulgeld nicht leisten können (es gibt auch Teilstipendien). Und zweitens versuchen wir anhand der Unterlagen und den Erkenntnissen eines vorangegangenen Besuches an unserer Schule festzustellen, ob das Kind spezielle Talente hat, in denen wir es weiterentwickeln können. Das können akademische Stärken sein, müssen es aber nicht. Genauso kommen Talente in der Musik, in der Kunst oder im Sport infrage, die wir in St. Gilgen fördern können. Okay, mit Wellenreiten oder American Football tun wir uns schwer in St. Gilgen. Aber sonst ist fast alles möglich in einer der schönsten natürlichen Sportarenen der Welt. Für Leistungssportler, die später sogar als Profisportler Fuß fassen wollen, bietet die Schule größtmögliche Flexibilität und individuelle akademische Betreuung für die versäumten Schulzeiten. Häufig sind in diesen Fällen aber die Eltern gefordert, um die Kinder zu ihren zahlreichen Trainingseinheiten und Wettkämpfen zu fahren – und auch das gehört im Vorhinein abgeklärt.

Der Prozess der Stipendienvergabe in unserer Kommission läuft so, dass wir zunächst festlegen, wie viel Budget wir zur Verfügung haben. Das ist abhängig von unseren Sponsoren sowie der Anzahl der Stipendiat*innen, die in diesem Jahr ihren Abschluss machen und daher kein Stipendium mehr benötigen – im Schnitt sind das etwa fünfzehn pro Jahr. Dann gehen wir in stundenlanger Detailarbeit sämtliche Stipendienanträge durch. In dieser Zeit schließen wir schon mal jedes einzelne Kind ins Herz, das wir besprechen. Sei es das entzückende handschriftlich verfasste Motivationsschreiben, die Berichte über das Strahlen, als sie uns an der Schule besucht haben, oder einfach ein Blick auf das Foto mit den scheuen Kinderaugen, zu denen man unmöglich „Nein" sagen kann. Jedenfalls entscheiden wir uns am Ende dieses langen Tages für viel mehr Stipendienkinder, als wir uns eigentlich leisten können. Und das jedes Jahr. Danach hat unser Head of School das Vergnügen, die Kinder und ihre Eltern in einem persönlichen Telefonat darüber zu informieren, dass sie ihr Stipendium und damit vielleicht die Chance ihres Lebens bekommen haben. Die Jubelschreie kann man häufig bis in den Gang hinaus hören. Und ich drehe noch eine Runde bei potenziellen Sponsoren, um das entstandene Budgetloch wenigstens halbwegs zu füllen ...

Aber auch andere konkrete Anlässe haben als Grundlage für die erfolgreiche Einbindung von Sponsoren gedient. So hat unsere Schule das kostspielige Projekt einer Photovoltaik-Anlage auf dem Schuldach größtenteils durch Sponsoren finanziert. Bei diesem Projekt spielten die Schulkinder nicht nur beim Sammeln von Spenden eine Hauptrolle. Schüler*innen der siebten Schulstufe forschten, interviewten, diskutierten und präsentierten als interdisziplinäres Projekt zu diesem Vorhaben, und sie haben daher einen ganz speziellen Bezug zu jeder Solarzelle, die daraufhin auf dem Schuldach montiert worden ist. Sie waren besonders stolz darauf, dass ihre Schule seither die Bezeichnung „Eco-School" tragen darf.

Jede Schule, jede Klasse hat solche Herzensprojekte, die ohne die Unterstützung von externen Sponsoren nicht verwirklicht werden können. Das betrifft insbesondere auch das Schulprojekt meiner Mutter in Nimo in Südost-Nigeria, das fast zur Gänze mit privaten Spendengeldern finanziert worden ist. Die Idee für dieses Projekt entstand aus einem Gespräch, das sie mit Dr. Fabian Mmagu, der 1983 als Theologe und angehender Psychologe aus Nigeria nach Österreich gekommen war, über die triste Bildungssituation seiner Heimatregion führte. „Das kann nicht sein!", rief sie in ihrem energischen Tonfall aus, der sie schon während ihrer aktiven Zeit als Lehrerin einer Volksschule/Grundschule ausgezeichnet hatte. Sie war übrigens als Lehrerin so beliebt und angesehen, dass wir heute noch gelegentlich Briefe der Dankbarkeit ihrer ehemaligen Schüler*innen an ihrem Grab in Wien/Mauer vorfinden. Also, wenn meine Mutter energisch wurde, dann konnte ihr Glaube Berge versetzen. Sie unterstützte gemeinsam mit weiteren Helfer*innen ihrer Kirchengemeinde Fabian dabei, ein Spendennetzwerk aufzuziehen, das aus der Übernahme von Patenschaften für Kinder bestand, die daraufhin eine neu zu gründende Schule besuchen konnten. Mein afrikanischer Bruder Fabian sorgte – und tut das heute noch – für die direkte Zuwendung der Gelder an des Schulprojekt in Nimo. Und einer der Höhepunkte im Leben meiner Mutter als pensionierte Lehrerin war es, als sie – von schwerer Krankheit gezeichnet – selbst nach Nimo reiste, um an ihrer Schule eine Gedenktafel zu ihren Ehren zu enthüllen. Heute gibt es in Nimo nicht nur eine Primary School, sondern auch eine Viktor Frankl gewidmete Secondary School unter dem Namen New Dimension Unity Schools. Leuchttürme der Bildung mitten in Afrika!

Für dieses Herzensprojekt unserer Mutter veranstalteten mein Bruder Gerhard und ich jahrelang sogenannte „Charity Clubbings" im angesagten Wiener Innenstadtlokal unseres großzügigen Freundes Matthias. Der gute Zweck stand im Vordergrund, gleichzeitig freuten wir uns auf eine lange Partynacht, in der auch Alkoholkonsum eine gewisse Rolle spielen sollte. Das steht zwar im Gegensatz zum absoluten Alkoholverbot an Schulen, ist aber – wie gesagt – für einen guten Zweck ... Jedenfalls luden wir alljährlich unsere Freunde und Verwandten auf den ersten Drink des Abends ein, und danach ging der Reinerlös der langen Nacht an ein konkretes Projekt für die Schule in Afrika. Begonnen haben wir mit der Finanzierung eines Brunnens für die Schule, denn von dem hatte auch die restliche Dorfgemeinde einen unmittelbaren Nutzen. Dann feierten wir unter anderem für die Anschaffung eines Schulbusses, Patenschaften für weitere Schulkinder und sogar für die Ausstattung der Schule mit Computern. Diese „Charity Clubbings" durchliefen immer dieselben Phasen, die sich Jahr für Jahr wiederholten und niemals veränderten:

Der Abend beginnt stets mit kultivierten Gesprächen über das Schulprojekt in Nimo und sonstigem Austausch von persönlichen Informationen, wie Ehestand, Kinder, Karriere, Gesundheit, das Übliche – man hat sich ja schon lange nicht mehr gesehen. Dabei wird sittsam mit der ersten Getränkerunde des Abends angestoßen, für die man ja noch nicht das Portemonnaie zücken musste. Dies ist die erste Phase einer Nacht, die noch sehr lange werden soll. Bei Phase zwei fängt der zweite oder dritte Drink langsam zu wirken an, und die Gesprächsthemen werden lockerer und euphorischer. Weder das schmerzende Knie noch der Bandscheibenvorfall kann einen davon abhalten, sich gewagte Zukunftsprojekte vorzunehmen. „Lass uns mal gemeinsam Skitouren in den Abruzzen planen, da kann man vom Gipfel aus das Meer sehen!" oder „Nächsten Sommer machen wir fix die Alpenüberquerung mit dem Mountainbike und springen dann alle nackt ins Meer!" oder „Triathlon? Wollte ich immer schon mal machen – melde mich gleich morgen an", etc. So manche Damen können die Wahrscheinlichkeit gut einschätzen, ob ihre Göttergatten tatsächlich zu all diesen Heldentaten aufbrechen werden, oder ob sie in genau einem Jahr wieder Gesprächsthema sein würden, „diesmal aber wirklich!"

Die dritte Phase des Abends wird ab dem vierten oder fünften Getränk eingeleitet und beginnt oftmals mit einem zwanglosen Wippen der Fußspitze im Takt der Musik, die der DJ langsam etwas lauter stellt. Auch die eine oder andere Hüfte beginnt sich zu bewegen, man merkt es kaum. Die Gespräche werden lauter, manch einer hört ja auch nicht mehr ganz so gut wie früher, und immer öfter schreit man einander ins Ohr oder nickt nur zufrieden lächelnd seinem Gesprächspartner zu, obwohl man sich bereits aus dem Gespräch ausgeklinkt hat. Dafür ist die Nachfrage nach weiteren Getränkerunden immer größer, die Brieftasche sitzt jetzt schon ganz locker, und großzügig werden Runden geschmissen oder sogar ganze Flaschen bestellt – es ist ja für den guten Zweck! Bei Phase vier wird getanzt! Aber so was von! Anfangs noch etwas steif und zurückhaltend, es ist ja schon eine Weile her ... Aber die Musik heute – die fetzt ja richtig! Immer weniger achtet man darauf, was für eine Figur man denn gerade machen könnte, sondern gibt sich den Wellen des Beats hin, der wie von selbst die Gelenke schmiert und zu wilden Bewegungen verführt, von denen man gar nicht wusste, dass man sie noch draufhat! Man entledigt sich überflüssiger Kleidungsstücke, aber es ist bereits zu spät, die Schweißränder unter den Achseln wachsen wie zweidimensionale Ballone, die sich vor dem Bauch zu einem Fleck vereinigen, der einen Rorschachtest-Diagnostiker verzücken würde. Der Durst ist groß, und nur die wenigsten sind klug genug, diesen auch mal mit Wasser zu löschen zu versuchen, so zwischendurch. Daher ist auch die fünfte Phase so chaotisch. Die Tanzfläche leert sich langsam, auch weil jetzt auf Bänken und Tischen getanzt wird und der Gang zur Toilette immer häufiger schwankend angetreten werden muss. Der DJ spielt in seiner Verzweiflung angesichts der unaufhaltsam fortschreitenden Niveaulosigkeit bereits zum zweiten Mal Dancing Queen. Erste Durchhalteparolen werden ausgerufen: „Eine Runde noch, dann sollten wir die Ersatzreifen des Schulbusses auch noch ersoffen haben!“ Aber manche Leistungsträger können jetzt wirklich nicht mehr und werden – häufig von ihren verständnisvollen Ehefrauen – liebevoll gestützt abtransportiert. Draußen wird es langsam hell, und als ein Taxifahrer hereinkommt, um seinen Fahrgast zu suchen, lallt ein schwer illuminierter Partygast: „Super, den Busfahrer haben wir auch schon ...“ Die sechste und letzte Phase des „Charity Clubbings“ erreicht man am Tag danach. Mit rasenden Kopfschmerzen. Und mit Übelkeit, die auch nach Genuss der fetten Salamipizza, auf die man unbändige Lust hatte, um nichts besser wird. Was hilft, sind die vielen Nachrichten samt Dankesworten der Freunde, denen es heute ebenso miserabel geht. Was für eine Nacht – und alles für den guten Zweck!

AUSWAHL DER SPONSOREN

Sie erhöhen die Erfolgswahrscheinlichkeit ihrer Bemühungen ungemein, wenn Sie sich an diejenigen potenziellen Sponsoren halten, die einen speziellen Bezug zu Ihrer Schule haben. Besonders erfolgversprechend sind ehemalige Schüler*innen der Schule – darum ist ja auch das Alumni-Netzwerk so wertvoll. Wenn diese später einmal erfolgreich im Berufsleben stehen, werden sie besonders stolz darauf sein, wenn sie ihrer Schule, der sie ihre Allgemeinbildung verdanken, etwas zurückgeben können. Aber auch in diesem Fall wird man mit allgemein gehaltenen Rundschreiben keinen Erfolg haben. Wertvolle Zusagen erhält man nur über direkte Kontaktaufnahme zu einem konkreten Anlassfall. Wir haben an der StGIS beispielsweise das Glück, dass einer unserer Absolventen bereits in jungen Jahren den Weinhandel seiner Eltern im Friaul übernommen hat. Seither können wir uns keine Festivitäten ohne den edlen Tropfen aus seinem Hause mehr vorstellen.

Ein anderer vielversprechender Topf sind alle Eltern von ehemaligen und – noch besser – aktuellen Schulkindern. Der Gedanke, dass ihr Kind beim derzeitigen Schulbesuch vom Beitrag der Eltern unmittelbar profitieren kann, ist ein starkes Argument für ein Engagement – sowohl an privaten wie an öffentlichen Schulen. Und nein, natürlich sind damit nicht bessere Noten gemeint – das würde ohnehin niemals verlangt werden. Manche Spender wollen anonym bleiben, und das ist natürlich völlig in Ordnung. Aber die meisten genießen es schon, wenn man die Dankbarkeit für ihr Sponsoring respektvoll zum Ausdruck bringt. An der StGIS gibt es eine Ehrenwand, an der besonders großzügige Spender verewigt werden. Und man kann sogar die Namensrechte für eine Anschaffung an die Sponsoren vergeben. Es gibt Schulen, die den Hauptsponsor für eine Schule im Namen tragen, wie zum Beispiel die Rafa Nadal International School „by Movistar“ auf Mallorca. Auch dagegen ist nichts einzuwenden, wenn der gewählte Sponsor zum Leitbild einer Schule passt. Bei einer Tabakfirma wäre ich mir da allerdings nicht so sicher …

Auch alle anderen potenziellen Sponsorenpartner sollten einen speziellen Bezug zur Schule haben. Sei es, dass sie in derselben Region tätig sind, dass Kinder ihrer Mitarbeiter*innen an die Schule gehen, oder dass sie Produkte vermarkten, die für das Netzwerk der Schule von Interesse sein könnten. Wenn es allerdings keinerlei Bezugspunkte zur Schule gibt, halte ich eine Kontaktaufnahme für vergebliche Liebesmühe. Ich hatte jedenfalls in diesen Fällen noch nie einen Erfolg zu verzeichnen, sondern bekam bestenfalls unpersönlich gehaltene Absage-Schreiben in solcher Anzahl, dass wir damit gesamte Klassenzimmer tapezieren könnten …

DIE VORBEREITUNG DER VERHANDLUNG

Die meisten Verhandlungen entscheiden sich während der Vorbereitung – also, bevor die tatsächliche Verhandlung beginnt. Das ist eine Weisheit aus der Theorie der Verhandlungstechnik, und jeder kann sie bestätigen, der schon einmal unvorbereitet komplett über den Tisch gezogen worden ist. Zur Veranschaulichung dieses Grundsatzes empfehle ich eine praktische Übung: Suchen Sie sich jetzt bitte einen Partner für eine kleine körperliche Herausforderung, die auch als „Armdrücken“ bekannt ist. Ich gebe Ihnen dafür ein paar Minuten Zeit.

Haben Sie jemanden auftreiben können? Gut. Setzen Sie sich bitte einander gegenüber an einen Tisch und halten Sie folgende Regeln ein:

- Es geht darum, möglichst viele Punkte zu gewinnen.

- Man erhält jedes Mal einen Punkt, wenn man die Hand des Gegenübers auf die Tischplatte drücken kann.
- Reden ist während der Übung nicht erlaubt, die Augen bleiben geschlossen.
- Zwanzig Sekunden Zeit.

  START!

  STOP!

Wie geht es Ihnen nach dem Armdrücken? Und wie geht es Ihrem Partner? Ich hoffe, es hat sich niemand die Schulter ausgekegelt! Und wie viele Punkte haben Sie jeweils gewonnen?

Die meisten Teilnehmer*innen dieser Übung kommen auf ein Ergebnis zwischen null und zwei Punkten. Sie auch? War Ihnen nicht bewusst, dass es darum ging, möglichst viele Punkte zu gewinnen, und nicht möglichst wenige? Der Grund für dieses eher magere Ergebnis liegt darin, dass Sie keine Zeit zur Vorbereitung hatten. Mit ein wenig Vorbereitung kann man nämlich auf vierzig Punkte und mehr kommen – und zwar für jeden! Und genau so ist es mit den meisten Verhandlungen. Wir mühen uns krampfhaft damit ab, den anderen ein paar Punkte wegzunehmen. Aber was ist die Alternative? Der Schlüssel zu einem erfolgreichen Verhandlungsergebnis liegt in den meisten Fällen in der bestmöglichen Vorbereitung. Daher möchte ich kurz darlegen, wie man sich mithilfe von drei Fragen optimal auf das Armdrücken – als Gleichnis für zukünftige Verhandlungen – vorbereiten hätte können:

1. Was?
2. Warum?
3. B.A.T.N.A.?

Als Erstes fragt man sich also, was man bei diesem Armdrücken erreichen will. Man will die Hand des Gegenübers auf den Tisch drücken. Versetzen Sie sich nun auch in dessen Lage. *Was* will sie oder er? Dasselbe! Das ist schon mal gut zu wissen, auch wenn die Situation immer noch auf ein Gegeneinander hinausläuft.

Die zweite Frage ist viel, viel wichtiger: *Warum* will man eigentlich die Hand des Gegenübers auf den Tisch drücken? Richtig, um Punkte zu ergattern. Bei dieser Frage nach dem *Warum* geht es also um die wichtigsten Interessen, die man in der Übung oder der Verhandlung verfolgen will. Und das Gegenüber? Versuchen Sie sich immer auch gleich in ihre oder seine Lage zu versetzen, um auch die Interessen der anderen Seite zu kennen. Das Gegenüber will also auch möglichst viele Punkte einheimsen. Haben Sie schon eine Idee, wie man dafür sorgen kann, dass beide Parteien möglichst viele Punkte bekommen können? Natürlich – man könnte sich darauf verständigen, dass man abwechselnd ohne Gegenwehr die Hände links und rechts auf die Tischplatte legt – da kommt man in zwanzig Sekunden sogar auf mehr als vierzig Punkte! Bei dieser Übung hatte man aber keine Gelegenheit, sich abzusprechen, man musste ja sogar die Augen geschlossen halten. Wie kann man also in dieser Situation der anderen Seite kommunizieren, dass man abwechselnd Punkte machen will? Es gibt nur einen Weg: nachgeben. Schenken Sie den ersten Punkt spürbar her, indem Sie dem Druck der anderen Hand nachgeben – auch wenn die andere Seite anfangs verwundert darauf reagieren wird. Vielleicht versteht sie auch nicht gleich, worauf Sie hinauswollen – aber einen Versuch ist es wert. Wenn die Partnerin oder der Partner nicht darauf einsteigt, kann man immer noch zur rohen Gewalt zurückkehren, um wenigstens einen oder zwei Punkte zu retten. Aber die Chance auf sehr viel mehr Punkte ist so groß, dass sich das Nachgeben und der Verzicht auf die ersten Punkte mehr als auszahlen können. Damit hat man nämlich die Chance, Vertrauen aufzubauen, was für ein großartiges Verhandlungsergebnis unerlässlich ist.

Und nun zur dritten Frage - was ist das *B.A.T.N.A.*? Nach der Definition von Fisher, Ury und Patton in der Verhandlungsbibel *Getting to Yes*[17] steht es als Abkürzung für „Best Alternative To A Negotiated Agreement". Es ist also die Alternative, die man ergreifen kann, wenn man sich in einer Verhandlung vor dem Armdrücken nicht einigen kann. Was würden Sie dann machen? Nun, man könnte als Alternative rohe Gewalt einsetzen, wenn man weitaus kräftiger als das Gegenüber ist, und die andere Hand auf die Tischplatte donnern. Die andere Seite könnte das in dem Fall nicht. Ihr *B.A.T.N.A.* - die Alternative zu einer Verhandlung- ist also besser als das der anderen Seite. Das macht Sie in der Verhandlung stärker. Denn Sie könnten damit drohen, dass Sie Ihre überlegene Kraft einsetzen, falls man sich nicht gütlich einigen könnte. Das heißt aber nicht, dass ein Verhandlungsergebnis nicht doch vorteilhafter sein könnte, und zwar für beide Seiten. Denn das Gegenüber könnte noch immer kratzen, beißen und zwicken, um Sie von dem maximalen Punktgewinn abzuhalten, der bei einem Einverständnis über schnelles Links-Rechts-Pendeln zu erreichen wäre.

Der Grund, warum ich möglichst vielen Menschen Verhandlungstechnik beibringen will, ist meine Überzeugung, dass es in den meisten Verhandlungen nicht um einen oder zwei Punkte geht, um die man sich raufen muss. Nein, es gibt fast immer Lösungen, bei denen alle Parteien im übertragenen Sinn vierzig Punkte oder viel mehr machen können. Dazu sagt man gerne „Win-win". Und für diese genialen Lösungen braucht es eine perfekte Vorbereitung sowie die Bereitschaft, den ersten Schritt auf die andere Seite zuzugehen, sich zu öffnen und damit Vertrauen zu schaffen.

Wie also würde die perfekte Verhandlungsvorbereitung vor dem Gespräch mit einem potenziellen Sponsoringpartner ausschauen? Nehmen wir als Beispiel das Gespräch mit einer Autofirma an – es könnte aber natürlich auch eine Computerfirma, Schreibwarenfirma, Getränkefirma etc. sein. Vielleicht hat ein Bekannter oder der Vater eines Schulkindes dieses Gespräch eingefädelt, und jetzt können Sie sich beispielsweise folgendermaßen vorbereiten:

Was will die Schule? Sponsoringgeld für Stipendien	*Was* will der Partner? Autos verkaufen
Warum will das die Schule? Kindern den Schulbesuch ermöglichen	*Warum* will das der Partner? Absatzziele erreichen
B.A.T.N.A. der Schule? Andere Sponsoren	*B.A.T.N.A.* des Partners? Andere Kunden

Es lohnt sich, während der Vorbereitung möglichst viel über die speziellen Interessen des Verhandlungspartners herauszufinden, indem man mehrere Quellen dafür anzapft. Ertragreicher als eine Internet-Recherche sind dabei meist andere Menschen, die über den Verhandlungspartner Bescheid wissen und einem sagen können, was ihm wirklich wichtig ist. Auch in der Verhandlung selbst kann man durch gezieltes Fragen einiges herausfinden und gegebenenfalls auch seine Annahmen korrigieren. In diesem Fall nehmen wir einmal an, dass die Absatzziele der Autofirma besonders wichtig sind. Dazu hat man vielleicht von einem Insider erfahren, dass die Firma beim Autoverkauf selbst fast nichts verdient, sondern den meisten Gewinn bei der Wartung von Fahrzeugen macht. Fest steht auf alle Fälle, dass der potenzielle Sponsor meist das stärkere B.A.T.N.A. hat, da er beim Scheitern dieser Verhandlung noch viele andere Kunden zur Auswahl hätte, um seine Absatzziele zu erreichen, während die Schule selbst bestenfalls noch eine oder zwei andere Autofirmen für eine Zusammenarbeit kontaktieren könnte. Die Ausgangsposition ist also herausfordernd – dafür ist das Gefühl nach erfolgreichem Abschluss umso beflügelnder!

SPONSORENVERHANDLUNGEN FÜHREN UND ABSCHLIESSEN

Bauen Sie im Gespräch auf Emotionen und Kreativität und nicht auf Zahlen und Fakten! Stellen Sie zunächst Ihr Anliegen in Form von Bildern oder noch besser mit einem kurzen Film vor. Vielleicht ist der Kurzfilm sogar das Werk eines Schüler*innen-Projektes, dann ist er besonders glaubwürdig. Danach sprechen Sie in Ihren eigenen Worten leidenschaftlich über Ihr Warum – in diesem Fall darüber, dass Sie möglichst vielen Kindern den Schulbesuch ermöglichen möchten. Vielleicht haben Sie auch eine kurze Geschichte über ein Kind, dessen Leben durch den Schulbesuch eine dramatische Wende zum Guten genommen hat. Dann fragen Sie Ihre Gesprächspartner, was ihnen wichtig ist und ob sie sich grundsätzlich eine Unterstützung für die Schule vorstellen könnten.

Wenn Sie bis hierher ein prinzipielles „Ja" erreicht haben, geht es ab jetzt darum, das Maximum für die Schulkinder herauszuholen, ohne den zukünftigen Partner mit einer zu hohen Forderung zu verschrecken und damit sogar zu verlieren. Die Frage, ob man jetzt lieber abwartet, welche Höhe der Unterstützung von der anderen Seite angeboten wird, oder ob man selbst konkret einen Betrag nennen soll, wird in der Welt der Verhandlungstheoretiker häufig diskutiert. Ich bin mittlerweile davon überzeugt, dass man selbst die Initiative ergreifen sollte. Der Fachausdruck für diesen Zug heißt „Ankern“ (englisch „anchoring“). Damit ist gemeint, dass man mit einem möglichst hohen Vorschlag in die Verhandlung hineingeht – der gerade nicht zu hoch ist, da er sonst die andere Seite abschrecken könnte – und gleichzeitig eine Begründung mitliefert, warum dieser hohe Betrag als absolut fair erscheint. Durch das Gewicht der Begründung bekommt der Vorschlag die Schwere eines Ankers, und es ist für die andere Seite kaum möglich, sich von diesem Eröffnungszug weit zu entfernen. Im oben genannten Beispiel könnte man vorschlagen, dass die Autofirma die Schulgebühr für fünf Kinder übernimmt. Denn ein anderer Schulsponsor hat drei Stipendien übernommen – das muss natürlich der Wahrheit entsprechen! –, ohne dass eine so große Gegenleistung der Schule möglich war, wie sie im Fall der Autofirma in Aussicht steht. Denn gleichzeitig würde man bei der Autofirma drei Vans als Schulbusse leasen und die Reparaturen und Servicearbeiten nur bei ihnen machen lassen. Im Gespräch kann man sich dann auf drei oder vier Stipendien einigen – was wesentlich schwerer wäre, wenn die andere Seite zunächst vorgeschlagen hätte, man könne ja einmal mit der Übernahme eines einzigen Stipendiums beginnen.

Hören Sie im Verhandlungsgespräch der anderen Seite gut zu und fragen Sie gerne nach den Geschäftserfolgen Ihres zukünftigen Partners. Viele Manager hören sich gerne reden, und es ist stets ein gutes Gefühl, wenn einem zugehört und man verstanden wird. Wenn Sie einen Vorschlag nicht annehmen können, sagen

Sie nicht direkt „Nein“, sondern entgegnen Sie mit „Wie sollen wir das denn machen?“. Und wenn Sie einem Vorschlag zustimmen wollen, sagen Sie dies nie bedingungslos ohne „Wenn“, sondern knüpfen Sie eine Zustimmung stets an eine Gegenleistung der anderen Seite. Also: „Sehr gerne lassen wir die Reparaturarbeiten nur in Ihrer Werkstatt durchführen, wenn wir von Ihnen eine Leasingrate für die Fahrzeuge bekommen, bei der Sie auf die Gewinnspanne verzichten.“

Wenn es jetzt dennoch zu einer Absage kommen sollte, reagieren Sie nie enttäuscht! Halten Sie stets eine Tür für die Zukunft offen, nach einiger Zeit kann man es ja wieder einmal probieren. Und wenn es Ihnen tatsächlich gelingt, eine Zusage für ein Sponsoring Ihrer Schule zu erreichen, dann bestätigen Sie sofort die Vereinbarung schriftlich und lassen Sie alles rückbestätigen. Erst dann darf gejubelt werden! Und das sollten Sie! Stellen Sie sich das Schulkind oder die Kinder vor, für die Sie gerade so viel erreichen konnten. Sie haben sie gerade zum Leuchten gebracht – seien Sie stolz auf sich!

ZUSAMMENFASSUNG DES FÜNFTEN SCHRITTES: WIR MACHEN SCHULE!

Nach dem Schul-CEO und den – coolen! – Lehrer*innen zählen die Eltern, Schülervertreter*innen und Sponsoren zu den wichtigsten Vertretern der „guiding coalition“ als Team, das geschlossen hinter unserer Schulrevolution stehen muss. Das Bewusstsein einer Schulkrise ist ein entscheidender Faktor, um sie zu einer Schulgemeinschaft zu vereinen, die sich untereinander blind vertraut und mutig die Veränderungen vorantreibt, die notwendig sind. Ohne Krisenbewusstsein wird unsere Schulrevolution nicht funktionieren! Aber befindet sich unser Bildungssystem tatsächlich in einer Krise? Oder ist es so zukunftstauglich, dass man damit durchaus zufrieden sein kann? Wenn Sie letztere Frage verneinen, dann gehören Sie einer großen Mehrheit an – denn ca. zwei Drittel der Vierzehn- bis 29-Jährigen sind mit dem Bildungssystem absolut unzufrieden.

Eltern und Schülervertreter*innen müssen schon beim Finden des Leitsatzes der Schule voll integriert sein, damit der spezielle Sinn dieses Leuchtturmes der Bildung ein Warum ist, das für alle eine Bedeutung hat (wie beispielsweise: „Every child has talent and we will develop it"). Und sie können viel mehr als das beitragen! Das Grundprinzip „Stärken stärken" sollten sie nicht nur selbst beherzigen, ihre individuellen Stärken können von elementarer Bedeutung für den Erfolg der Schule sein, wenn sie an der richtigen Stelle zum Einsatz kommen. Die Schülervertreter*innen sollten generell zu allen wichtigen Schulfragen gehört werden, da ihre Meinungen die Qualität der Entscheidungen immens verbessern. Und Eltern können unter anderem auch beim Finden von Schul-Sponsoren von essenzieller Bedeutung sein. Niemand kann sich leidenschaftlicher und besser für zusätzliche finanzielle Mittel engagieren, die letztlich den eigenen Kindern zugutekommen werden.

Natürlich gibt es viele weitere Mitglieder der Schulgemeinde, die wertvolle Beiträge für die Kinder leisten können: die Eigentümervertreter für private Organisationen oder die öffentliche Hand, Gemeinde- oder Bezirksvertreter, Sportvereine, Musikschulen, Glaubensgemeinschaften, usw. Wir können hier gar nicht auf all das Gute eingehen, das von diesen Menschen für unsere Schulkinder getan wird und in einem wundervollen afrikanischen Spruch zum Ausdruck kommt: „It takes a village to raise a child" („Man braucht ein ganzes Dorf, um ein Kind großzuziehen."). Aber auch umgekehrt kann der Nachbarschaft einer Schule viel Gutes widerfahren, indem ein Leuchtturm der Bildung Beiträge zum Gemeinwohl leistet. Mit dieser Thematik wollen wir uns im nächsten Kapitel beschäftigen.

EXKURS

WAS KANN EINE SCHULE FÜR DIE GESELLSCHAFT TUN?

DIE GEMEINWOHL-STUDIE DER HANDELSHOCHSCHULE LEIPZIG

„Und das sollen wir Ihnen glauben?“ In der Gemeinderatssitzung unserer Heimatgemeinde, in der ich die Fortschritte unseres Schulprojektes vorstellen durfte, schlug mir ein überraschend rauer Wind entgegen. Die auf diese Weise angemeldeten Zweifel einer Gemeinderätin bezogen sich auf eine – aus ihrer Sicht – vorgegaukelte Selbstlosigkeit unserer Non-Profit-Organisation und meiner ehrenamtlichen Tätigkeit. Angesichts der hohen Schulgelder müsse da doch jede Menge Geld für uns übrig bleiben, meinte sie. Diesen bissig vorgetragenen Angriff auf unsere Integrität hatte ich nicht erwartet. War es nicht offensichtlich, wie sehr die Gemeinde von der Rettung der Schule profitierte? Vom Leben, das die Kinder außerhalb der Feriensaison in den idyllischen Ort am Wolfgangsee brachten, von den 85 Arbeitsplätzen, die gerettet waren, von der Zusammenarbeit mit Gastronomiebetrieben, in denen die Schulkinder und Lehrer*innen essen gingen, den Aufträgen an Handwerks- und sonstige Betriebe im Ort sowie dem sechsstelligen Betrag, den die Schule jedes Jahr an Abgaben an die Gemeinde überwies, ohne auch nur einen Cent an öffentlichen Förderungen zu erhalten? Das gesamte Einkommen aus Schul- und Sponsorengeldern wird ausschließlich wieder in die Schule gesteckt. Außerdem wird ein Drittel aller Schulkinder mit Stipendien unterstützt, und viele der geförderten Kinder kommen aus der Region. All diese Fakten sollen nicht genügen, um bei der gesamten Gemeindevertretung und der Bevölkerung des Ortes eine positive Einstellung gegenüber unserer Schule zu bewirken? Was ist da schiefgelaufen?

Ich erinnere mich an die Anfangszeit eines spektakulären Leuchtturm-Projektes aus meiner Zeit als Red Bull-Manager, dem von verschiedensten Seiten ebenfalls Gegenwind entgegenwehte, und zwar in Orkanstärke: Der Gründung von RB Leipzig im Jahr 2009, dem heutigen Spitzenklub in der deutschen Fußball-Bundesliga. „RB“ steht als Abkürzung für „Rasenball“, denn die offizielle Bezeichnung „Red Bull Leipzig“ erlaubt das Regulativ der deutschen Bundesliga nicht. Auch heute noch ist dies ein Klub, der in Deutschland stark polarisiert. Was dieser Mannschaft bei Auswärtsspielen in Sprechchören und auf Transparenten für Freundlichkeiten ausgerichtet werden, ist häufig nicht jugendfrei. In Leipzig selbst ist spätestens mit dem Erfolgslauf der Profimannschaft aus der fünfthöchsten Spielklasse bis in die Bundesliga und dann sogar in die Champions League die Stimmung mehrheitlich für den RB Leipzig gekippt. Denn von diesem Erfolg hat nicht nur der Initiator und Hauptsponsor einen Vorteil, sondern die gesamte Region. Und das ist sogar messbar!

Eine unabhängige Studie der Handelshochschule Leipzig (HHL) und der Friedrich-Schiller-Universität Jena aus dem Jahr 2016 über den „Public Value“ des damaligen Bundesliga-Aufsteigers RB Leipzig (Timo Meynhardt, Eduard Frantz: *Der Public Value des RB Leipzig*[18]) kam unter anderem zu dem Ergebnis, dass der Erfolg der Fußballmannschaft und das Erbringen von Höchstleistungen einen signifikanten positiven Einfluss auf das kollektive Selbstwertgefühl der Menschen in Leipzig und Umgebung hatten. Das muss man sich mal auf der Zunge zergehen lassen: Die Menschen der Region trauen sich nach dem Erfolg ihres Heimatklubs mehr zu als vorher, und zwar ganz generell, nicht nur im Sport! Timo Meynhardt ist nicht nur Professor für Wirtschaftspsychologie und Führung an der HHL, der renommierten Handelshochschule Leipzig, sondern auch Herausgeber des „GemeinwohlAtlas“[19] in Deutschland und der Schweiz. Der „GemeinwohlAtlas“ beantwortet die Frage nach dem Beitrag von Organisationen zum Gemeinwohl und bringt ausgesuchte Unternehmen und Organisationen gemäß ihrem Gemeinwohlbeitrag in eine Rangliste. Übrigens ist dies eine der wenigen Ranglisten, in denen der RB Leipzig vor dem FC Bayern München liegt, für den ebenfalls bereits eine Gemeinwohlstudie durchgeführt worden ist. In Österreich gibt es diesen „GemeinwohlAtlas" bisher leider noch nicht, aber seit Neuestem ist eine Schule die allererste Organisation in Österreich, für die diese Gemeinwohlstudie durchgeführt worden ist:

Wir wollten an der StGIS nämlich unbedingt das Instrument der Gemeinwohlstudie einsetzen, um herauszufinden, welchen Gemeinwohlbeitrag unsere Schule aus Sicht der Menschen in der Region leistet. Denn dafür zählt nicht das, von dem wir selbst glauben, dass wir es beitragen. „Public value is what the public values!" – so habe ich es von Professor Meynhardt erfahren und auch in meinem leicht traumatisierenden Erlebnis im Gemeinderat selbst erlebt. Die Beiträge zum Gemeinwohl müssen gesellschaftlich wahrgenommen und anerkannt werden. Insgeheim hoffte ich allerdings schon, dass wir mit einem überragenden Studienergebnis der Bevölkerung klarmachen könnten, welches Glück sie mit der Internationalen Schule in St. Gilgen hätte. Zu diesem Zeitpunkt konnte ich noch nicht ahnen, welche Überraschungen dabei zutage kommen würden: mehrere positive Erkenntnisse, die uns noch gar nicht bewusst waren, aber auch eine massive negative Aussage aus der Bevölkerung! Dazu kommen wir etwas später.

Mit Tino Jung wurde ein herausragender Student an der HHL gefunden, der das Projekt der StGIS-Gemeinwohlstudie als seine Masterarbeit unter der Führung von Professor Meynhardt in

Angriff nahm. Zwischen Jänner und März 2022 befragte er dreißig Personen aus sechs Berufs- oder Interessengruppen in St. Gilgen und Umgebung. Nach drei Auswertungs-Workshops und der schriftlichen Ausarbeitung der Studie wurde sie am 26. September 2022 im Theater der StGIS der regionalen Bevölkerung, der Presse und per Livestream auch international vorgestellt. Und nun zu den Ergebnissen, die nicht nur für die StGIS, sondern tendenziell auch für ähnlich ambitionierte Schulprojekte Aussagekraft haben können, die sich zu einem Leuchtturm der Bildung entwickeln wollen[20]:

Die Auswertung ergab, dass die Schule nicht nur in ihrer Rolle als „Lehrerin" gesellschaftlich gemessen wird, sondern dass sie aus Sicht der Bevölkerung vier weitere Rollen innehat: als „Unternehmerin", „Kooperationspartnerin", „Botschafterin" der Region und „Mitbürgerin" - wobei insbesondere die drei letztgenannten für die Menschen von größerer Bedeutung sind. In vier dieser fünf Rollen wird die StGIS hervorragend bewertet. Dies steht auch im Einklang mit einer numerisch hohen Bewertung der StGIS in ihrem Gemeinwohl-Beitrag zur Lebensqualität (4,10 bei einem Maximalwert von 6,0), hinsichtlich ihrer Aufgabenerfüllung (4,77) und im Bereich Moral (5,09).

Und jetzt kommt die schlechte Nachricht: Eine richtig miese Bewertung weist die StGIS hinsichtlich ihres wahrgenommenen Beitrages zum Zusammenhalt in der Region auf, nämlich nur 2,96. In ihrer Rolle als Mitbürgerin wird sie derzeit überwiegend negativ gesehen, sie muss in dieser Rolle also noch erwachsen werden! Ein überwiegender Bevölkerungsanteil sieht die Schule in einer Art Blase, zu der man als Einheimischer keinen Zugang hat, und daher gilt sie im Ort nicht als integriert. Der gesamte Atlas-Score der ersten in Österreich gemessenen Organisation beträgt insgesamt 4,23 und liegt damit knapp unter einem öffentlichen Gymnasium in Sebnitz in der sächsischen Schweiz und knapp über dem Score der HHL als privater Universität mit Spitzenruf. Der Score der StGIS ist etwa gleich hoch wie für die *Frankfurter Allgemeine Zeitung*, den ADAC und Aldi/Hofer. Aber immerhin deutlich über dem Score des FC Bayern München (3,12)! Am Ende des letzten GemeinwohlAtlas in Deutschland (2020) rangieren übrigens die Deutsche Bank, die *Bild*, die FIFA und Marlboro. Und wollen Sie wissen, wer ganz oben in diesem Gemeinwohl-Ranking steht? Die Feuerwehr!

Nach der Veröffentlichung der Studie fand eine hochkarätige Podiumsdiskussion statt, die sich schnell auf die anwesenden Zuschauer*innen ausweitete. Der Schwerpunkt der Diskussion war – so sind wir Menschen nun mal – ausgesprochen schwächenorientiert. Sie drehte sich fast ausnahmslos um die schlechte Bewertung der Schule als „Mitbürgerin" und darüber, was sie vermehrt zum Zusammenhalt in der Region beitragen könnte. Dabei gab es wertvolle Anregungen, die wir als Schulverantwortliche gerne aufnahmen. Wie beispielsweise eine verbesserte Zusammenarbeit mit den traditionsreichen Vereinen des Ortes, stärkere Einbindung der öffentlichen Schulen im Ort in Veranstaltungen der StGIS, und speziell das Thema „Grüßen" ist am Land so wichtig, dass es sich die StGIS sehr zu Herzen nimmt. Ein Traum für uns wäre eine gemeinsame Veranstaltungshalle, gemeinsam finanziert von Schule, Gemeinde und Bundesland, die wir als Schule zusammen mit den Vereinen nutzen und daraus einen Ort der Begegnung machen könnten. Vielleicht ist speziell dafür aufgrund der Gemeinwohlstudie der Stein ins Rollen gekommen, die Gespräche haben noch am selben Abend begonnen.

Und die positiven Aspekte? Mein persönliches Highlight des Abends entwickelte sich, als ein erfahrener Lokalpolitiker im Zuschauerraum seiner Vermutung Ausdruck verlieh, dass wohl auch viele Kinder an die SIGIS gingen, die von ihren Eltern abgeschoben wurden, um ihre Erziehungspflicht abzugeben. Daraufhin ergriff ein Schüler das Wort, um zu entgegnen: „Ich bin Tiroler. Ich bin Österreicher. Ich liebe meine Familie. Und ich bin nicht hier, weil ich abgeschoben wurde, sondern weil das hier die beste Schule für mich ist." Daraufhin rauschte Szenenapplaus durch den Saal, und viele von uns waren unheimlich stolz auf diesen couragierten jungen Mann ... Positiv überrascht hat mich an den Studienergebnissen nicht so sehr die starke Bewertung als „Lehrerin" – sonst hätten wir wirklich etwas Grundlegendes falsch gemacht – und als „Kooperationspartnerin" – diese Stärke bekommen wir ja von unseren Partnern im Ort täglich zurückgespielt. Besonders stolz bin ich auf die Wertschätzung unserer Schule als „Botschafterin", die das Ansehen der Region im In- und Ausland stärkt. Und als Botschafterin will unsere Schule auch beispielgebend für jene Schulprojekte wirken, die an anderen Orten zu Leuchttürmen der Bildung heranreifen werden.

Seien Sie gewarnt – nicht alle in Ihrer Umgebung werden gleich den Beitrag sehen, den Ihr Projekt zum Wohl der Menschen zu leisten imstande ist! Auf den Umgang mit diesen Widerständen werden wir noch am Beginn des letzten Kapitels eingehen, denn je ehrgeiziger Ihr Projekt ist, desto mehr müssen Sie mit rauem Gegenwind rechnen. Mich hat ein Gespräch mit meinem Bruder beruhigt, als ich ihm von der Gemeinwohlstudie und unserem Diskussionsabend berichtete. Er ist Absolvent der Montanuniversität in Leoben und erzählte mir davon, was für einen schweren

Stand die Universität zunächst bei der alteingesessenen Bevölkerung hatte. Doch heute ist die Region stolz darauf, dass Leoben eine Universitätsstadt ist. Vielleicht muss man bei der Errichtung von Leuchttürmen der Bildung in Generationen denken, ehe der Wert dieser Zukunftsprojekte für das Gemeinwohl für alle offensichtlich wird.

SCHRITT

CHANCEN-GLEICHHEIT FÜR ALLE!

INTEGRATION, AUSSERSCHULISCHE AKTIVITÄTEN UND GANZTAGSSCHULE

WAS BISHER GESCHAH

In den ersten fünf Kapiteln dieses Buches haben wir Mitstreiter gesammelt, die mit uns das revolutionäre Prinzip des Stärken-Stärkens zugunsten unserer Schulkinder umsetzen wollen: führungsstarke Schul-CEOs, coole Lehrer*innen mit Leidenschaft, Präsenz und Selbstironie, engagierte Eltern und Schülervertreter*innen sowie überzeugte Sponsoren, die an die Sinnhaftigkeit ihrer Investitionen in Leuchttürme der Bildung glauben. Lassen Sie uns kurz innehalten und überlegen, was passieren wird, wenn wir die Dinge so weiterlaufen lassen, wie sie bisher waren.

Was wird geschehen, wenn wir nichts unternehmen? Dann wird sich die Entwicklung zu einem Zweiklassensystem in der Bildung unaufhaltsam beschleunigen. Die, die es sich leisten können, schicken ihre Kinder vermehrt in Privatschulen. Es gibt sogar eine steigende Zahl von Eltern, die dafür einen Kredit aufnehmen, um dem öffentlichen Schulsystem zu entfliehen. Und immer mehr besonders talentierte Schüler*innen werden die Chancen von Stipendien in Privatschulen nutzen und scheiden damit ebenfalls aus dem öffentlichen Schulsystem aus. Wir spüren an der StGIS deutlich die zunehmende Nachfrage – speziell aus Deutschland und Österreich. Laut Statistischem Bundesamt hat sich die Zahl der privaten Schulen in Deutschland von 1992/93 bis 2020/21 um ca. 80 Prozent erhöht.[21] Heute besucht jedes elfte Schulkind in Deutschland eine Privatschule, in Österreich jedes zehnte, in Wien fast jedes fünfte.[22] International ist die Anzahl der IB-Schulen zwischen 2016 und 2022 um 33 Prozent auf derzeit 5.600 in 160 Ländern gestiegen.[23] Für diejenigen Kinder, deren Talente in öffentlichen Schulen weder erkannt noch gefördert werden, verringern sich die Zukunftschancen signifikant, und es ist weniger wahrscheinlich, dass sie die Liebe zu lebenslangem Lernen entdecken. Ein Kind kann an jedem Ort der Welt das große Glück haben, einem Mentor oder einer Mentorin zu begegnen, der oder die seine Talente entdeckt und fördert. Es ist allerdings von einem glücklichen Zufall abhängig, sofern es nicht die Chance auf einen Schulbesuch in einem Leuchtturm der Bildung bekommt, wo gezielt Stärken gesucht, gefunden und weiterentwickelt werden. Mir zerspringt das Herz beim Gedanken an Millionen von Kindern, denen nie jemand sagt, was sie gut können, und die niemals genügend Selbstwertgefühl entwickeln, um sich eine strahlende Zukunft aufzubauen!

Mein größter Herzenswunsch ist es, möglichst vielen Kindern den Zugang zu Leuchttürmen der Bildung zu ermöglichen, wie es unsere eigenen Kinder erfahren durften. An unserer StGIS können wir nicht mehr als insgesamt 240 Schulkinder aufnehmen und etwa achtzig von ihnen mit Stipendien unterstützen. Letzteres fällt uns immer schwerer, denn in Krisenzeiten hat zwar die Nachfrage nach Schulplätzen an der StGIS weiter zugenommen, Sponsoren für Stipendienkinder zu finden gestaltet sich aber zunehmend schwieriger. Vielleicht hilft ja der Beitrag, der pro verkauftes Buch dem Stipendienfonds zugutekommen wird. Ich bin allerdings überzeugt davon, dass nicht nur zahlreiche andere Leuchttürme der Bildung in den deutschsprachigen Ländern existieren, sondern dass sie auch an jedem beliebigen Ort – an öffentlichen wie privaten Schulen – erschaffen werden können. Das ist mein Warum für dieses Buch.

Und wie können wir sicherstellen, dass nicht nur Kinder aus bildungsnahen Schichten Zugang bekommen, sondern in Leuchttürmen der Bildung tatsächlich Chancengleichheit für alle herrscht? Denn hier geht es um Leuchttürme der Bildung und nicht um Elfenbeintürme, zu denen der Zugang unerreichbar erscheint. Nur dann sehe ich unsere Mission erfüllt, wenn nicht nur eine kleine Anzahl von sogenannten Eliten davon profitieren kann. Denn: Jedes Kind hat Talent!

Dieses Kapitel beschäftigt sich mit den drei wichtigsten Faktoren für Chancengleichheit an der Schule, beginnend mit der Herausforderung der Integration aller, wirklich aller Kinder.

DIE HERAUSFORDERUNG DER INTEGRATION

Integration von Kindern mit und ohne Migrationshintergrund an unseren Schulen ist eine der großen Herausforderungen unserer Zeit und essenziell für das harmonische Zusammenleben unserer Gesellschaft. Einigkeit herrscht dabei über die Wichtigkeit des Gebrauchs einer gemeinsamen Sprache, die Kinder mit einer anderen Muttersprache als Deutsch möglichst rasch erlernen und anwenden sollen. Die gemeinsame Sprache ist grundsätzlich Deutsch, kann aber auch die „Weltsprache" Englisch sein. Denn interessanterweise sind englischsprachige „Native Speaker" die Einzigen, denen man es kaum zum Vorwurf macht, wenn sie auch nach Jahren des Aufenthalts im deutschsprachigen Raum noch immer nicht Deutsch sprechen. Kontrovers wird allerdings die Frage diskutiert, auf welche Weise Kinder mit Migrationshintergrund an den Gebrauch der deutschen Sprache herangeführt werden sollen. Sollen sie zunächst Vorbereitungsklassen besuchen, in denen sie Deutsch lernen, bevor sie in ihre Regelklasse kommen, oder sollen sie sich gleich in ihre Regelklasse setzen, auch wenn sie dort noch nicht viel verstehen? Auch wenn die StGIS nur eine von vielen Schulen ist, die mit der Herausforderung der Integration konfrontiert ist, so glaube ich, dass ihre Erfahrungen zu diesem Diskussionsthema interessante Einblicke beitragen können.

Jedes Jahr im September kommen über sechzig neue Schulkinder aus aller Welt nach St. Gilgen an die Internationale Schule – das ist ein Viertel der gesamten Belegschaft. Bei ihrer Integration geht es nicht nur um die Zusammenführung von Kindern aus ca. vierzig Ländern mit zahlreichen Muttersprachen und Religionen, sondern auch aus sozialen Schichten, die unterschiedlicher kaum sein könnten. Hier lernt schon mal ein syrisches Waisenkind mit dem Sprössling eines europäischen Königshauses, der auf einen Rollstuhl angewiesene Sohn einer ortsansässigen Familie sitzt neben der Tochter eines internationalen Fußballstars, und ukrainische Flüchtlinge schließen Freundschaft mit russischen Oligarchenkindern. Unterrichtssprache ist Englisch. Aber häufig kommen Kinder auch ohne Englischkenntnisse an unsere Schule. So wie unsere Tochter in der fünften Schulstufe. Als sie gleich auf dem ersten Wandertag von einem attraktiven älteren Mitschüler angesprochen wurde, schlug ihr das Herz bis zum Hals hinauf. Sie verstand kein Wort, sagte aber auf alle Fälle mal leicht errötend: „Thank you." Der junge Mann reagierte darauf ein wenig verwirrt, weil er sie offensichtlich zu etwas aufgefordert hatte, sie aber wie angewurzelt auf einem großen Stein sitzen blieb. Eine Mitschülerin entschärfte die Situation, als sie für Elena auf Deutsch übersetzte, worauf sie ihr Gesprächspartner hätte hinweisen wollen: Sie hatte ihren neuen Rucksack mitten in einem frischen Kuhfladen abgestellt …

Im September kommen also die neuen Schulkinder – und bis Weihnachten sprechen sie alle Englisch miteinander – fast alle fließend. Jedes Jahr. Es grenzt an ein Wunder! Was aber ist das Geheimnis solch gelungener sprachlicher Integration? Ein entscheidender Faktor ist der Umstand, dass die neuen Schulkinder sofort in ihren regulären Klassen auf Englisch unterrichtet werden, auch wenn sie anfangs kaum etwas verstehen. Ich bin überzeugt davon, dass es völlig falsch wäre, sie zunächst in separaten Klassen Englisch lernen zu lassen, bis sie die Sprache gut genug beherrschen. Das würde dem Ziel der Integration fundamental zuwiderlaufen. Trotzdem ist das der Weg, den Migrationskinder in öffentlichen Schulen häufig gehen müssen, bevor sie sich in ihre normale Klasse setzen dürfen. Die sogenannten Deutschförderklassen werden von Schüler*innen sogar als Bestrafung gesehen, wie eine qualitative Studie der Uni Wien im Jahr 2022 dargestellt hat.[24] Darin zeigten sich Nachteile auf sozialer, sprachlicher und fachlicher Ebene, und die betroffenen Kinder beklagten zudem die Schwierigkeiten, Freundschaften zu schließen. Ist das nicht das Gegenteil von Integration? Es ist sehr empfehlenswert, wenn Migrationskinder zusätzlich zum normalen Unterricht speziellen Deutschunterricht bekommen können – wir bieten das an der StGIS auch in Englisch an. Für mich steht fest: In der ewigen Debatte, ob man Migrationskinder zunächst in Vorbereitungsklassen stecken sollte, um einigermaßen Deutsch zu lernen, oder gleich in ihre Regelklasse – plus zusätzlichem Deutschunterricht –, bestätigt unsere Erfahrung eindeutig den zweiten Weg – im Sinne einer gelungenen Integration. Und auch in der Studie der Uni Wien bevorzugten mehr als 80 Prozent der befragten Lehrpersonen ein integratives Sprachfördermodell anstatt Deutschförderklassen.

Aber lassen wir doch einen jungen Mann zu Wort kommen, der diesen Integrationsprozess jahrelang selbst hautnah erlebt hat. Erick Shepard bekam als Schüler der StGIS den prestigeträchtigen „Excellence in Care“-Award verliehen. Zu seinen Stärken zählt herausragende emotionale Intelligenz, die ihn zu einer Leitfigur im alljährlichen Integrationsprozess an der Schule reifen ließ. Emotionale Intelligenz beruht in der Definition des amerikanischen Forschers Daniel Goleman auf vier Stärken: Self Awareness (seine Stärken kennen und sich dabei nicht zu ernst nehmen), Self Management (diszipliniert, nicht impulsiv sein), Empathie (Einfühlungsvermögen) und soziale Fähigkeiten (wie Kommunikation, Networking etc.).[25] All diese Säulen der emotionalen Intelligenz werden im Integrationsprozess gefordert und gefördert. Das ist auch insofern von Bedeutung, als man Emotionaler Intelligenz eine größere Bedeutung für beruflichen und privaten Erfolg zuschreibt, als dies bei derjenigen Intelligenz der Fall ist, die mit dem bekannten IQ-Test gemessen wird. Erick, der seine Stärken in seinem zukünftigen Beruf als Anwalt zum Einsatz bringen will, beschrieb folgendes Grundprinzip als entscheidend für den Integrationsprozess: „Sobald mehr als zwei Leute zusammenkommen, die nicht dieselbe Muttersprache haben, wird sofort ins Englische gewechselt. Dadurch entsteht eine inklusive und einladende Gemeinschaft.“[26] Dieses Prinzip wird vom Lehrkörper und den älteren Schüler*innen vorgelebt, und von den neuen Kindern wird es ausnahmslos eingefordert. Und hat Erick auch einen Tipp für die Entschärfung von Konfliktsituationen? „Als ich mitbekam, dass der Streit zweier Schüler zu eskalieren begann, habe ich mich zu ihnen gestellt und einfach mal zu klatschen begonnen ... worauf sich alle umdrehten und fragten, ‚Was war denn das jetzt?‘ Den beiden Streitenden wurde dadurch bewusst, dass sie beobachtet wurden, und es hat ihnen einen Moment Zeit verschafft, um sich der negativen Aufmerksamkeit bewusst zu werden, die sie erzeugt hatten. Neue Energie begann zu fließen, und der kritische Moment war überstanden." Erick würde es nicht zugeben, aber seine Vorbildwirkung ist ein ebenso entscheidender Faktor für den Integrationsprozess an seiner Schule. Viele Schulkinder blicken zu ihm auf und wollen so sein wie er, ohne dass er sich dafür anstrengen oder verstellen müsste.

Integration findet nicht nur im Klassenzimmer und im Pausenhof statt. Viele Kinder lernen einander in der Freizeit kennen, und dafür leisten unzählige Vereine einen wertvollen Beitrag. Wann immer ich selbst an einen neuen Ort umgezogen bin, habe ich neue Bekanntschaften in erster Linie über Sportvereine gemacht – und vielen Kindern geht es ähnlich, wenn sie das Glück haben, Zugang zu einem Verein zu bekommen. Die meisten Burschen, aber auch immer mehr Mädchen, landen dabei an einem Ort, den man auch in den entlegensten Regionen fast immer vorfinden kann – dem lokalen Fußballverein.

AUSSERSCHULISCHE AKTIVITÄTEN

Als Eltern kann man viel zur Integration des Nachwuchses beitragen, indem man Kinder in Kontakt mit lokalen Vereinen bringt. Und damit sie dort auch bleiben, sollte man Interesse für die Fortschritte der Kinder zeigen und natürlich so oft wie möglich bei ihren Aktivitäten zuschauen. Übertreiben kann man es aber auch, wenn plötzlich die eigenen Ambitionen der Eltern zum Vorschein kommen. Denn um Ruhm, Ehre und Millionen geht es in der Profiwelt der Fußball-Champions-League, nicht aber auf den Fußballackern dieser Welt, wo die jüngsten Nachwuchskicker dem runden Leder nachjagen. Ich liebe den Anblick der kleinsten Fußballer in ihren viel zu großen Hosen, die im Rudel den Ball verfolgen. Und auch als unser Sohn Manuel im Jugendalter in der Auswahl unseres Heimatortes seine Defensivkünste unter Beweis stellte, versuchte ich jedes seiner Heim- und Auswärtsspiele zu besuchen. Dort begegnet man am Spielfeldrand allerdings häufig anderen Spielereltern und -großeltern, die sich am Rande der Peinlichkeit bewegen. Sie rufen ihren Sprösslingen ständig Anweisungen zu, die dem pädagogisch geschulten Coaching des Nachwuchstrainers fundamental widersprechen. Und bei falschen Schiedsrichterentscheidungen können sie sich aufregen, als ob es um die Champions-League-Qualifikation ginge! Ich versuche mich - natürlich - von solchem Gehabe abzuheben, indem ich ruhig und beherrscht das Geschehen auf dem Sportplatz beobachte und jeder gelungenen Aktion der eigenen - wie auch der gegnerischen Mannschaft - gebührenden Beifall zolle.

Das geht einige Zeit lang gut. Bis ich es nicht mehr aushalte. Ich habe schon viel zu lange meine eigenen fachkundigen Kommentare zum Spielgeschehen heruntergeschluckt, sodass es irgendwann einmal zum Ausbruch kommen muss! Und somit beginne auch ich, trotz meiner kultivierten Absichtsäußerungen, meiner Meinung zum Spielgeschehen Luft zu verschaffen. Zuerst zaghaft, dann immer lautstärker, und je nach Spielstand dann durchaus auch einmal etwas emotionaler.

Es ist in den jüngeren Spielklassen üblich, dass ein neutraler Schiedsrichter von zwei Linienrichtern unterstützt wird, die jeweils von den beiden Mannschaften gestellt werden. Zumeist sind das Spielerväter, die sich nicht rechtzeitig verkrochen haben wie ich, wenn es zur Bestimmung der Linienrichter kommt. Und ein solcher Linienrichter, der von einem Spielervater der gegnerischen Mannschaft verkörpert wird, meinte einmal tatsächlich, das Jugendspiel im Alleingang entscheiden zu können!

Es ist das Heimspiel unserer Jugendmannschaft gegen den Lokalrivalen, und ein paar Dutzend Erwachsene aus unserem Ort feuern unser Team eher halbherzig an. Wir liegen ein Tor zurück, starten aber verzweifelt Angriff um Angriff, um doch noch zumindest den Ausgleichstreffer zu erzielen. Doch die vielversprechenden Vorstöße unserer schnellen Angreifer werden ein ums andere Mal vom Abseitspfiff des bewegungsfaulen Schiedsrichters unterbunden, nachdem der vom Gegner gestellte Linienrichter theatralisch mit seiner Fahne gewachelt hat. Ich kann es nicht glauben! Da geht es um ein Jugendspiel, und der Typ da drüben will uns um unseren Sieg betrügen! Um unseren Sieg!

Ich versuche zunächst, den Schiedsrichter auf die Fehlentscheidungen des gar nicht unparteiischen Linienrichters durch obergescheite Zurufe wie „Stimmt nicht!“ oder „Schon wieder falsch!“ aufmerksam zu machen. Der schüttelt aber nur den Kopf und verfolgt weiterhin das Spielgeschehen aus sicherer Distanz vom Mittelkreis aus. „Beweg dich halt einmal!“ hilft auch nicht als Aufforderung zur besseren Spielleitung, also beginne ich, mich verbal auf den Linienrichter auf der anderen Spielfeldseite einzuschießen. „Heast, Oida, wachel g'scheit!“ (was in etwa bedeutet: „Hör zu, Alter, setz deine Linienrichterfahne korrekt ein!“) scheint er nicht zu verstehen, da habe ich wohl die falsche Mundart eingestreut. Denn er lässt schon wieder unseren Angreifer zurückpfeifen, obwohl der mindestens einen halben Meter hinter dem Verteidiger gestartet ist.

Jetzt reicht's mir aber. Dieser Mensch steht zwischen uns und dem Ausgleichstreffer, und da muss jetzt jemand etwas unternehmen. „Wenn du noch einmal falsch wachelst, gibt's was!" Jetzt fühlt sich der Herr auf der anderen Seite endlich angesprochen, und er fordert mich lautstark auf, zu ihm herüberzukommen, und zwar mit einer Art affenartiger Lautmalerei („Kumm umme!"). Aha, der will also raufen! Ich rufe quer über den Platz zurück, dass er mir zu klein dafür sei, und so geht es noch ein paar Mal hin und her. Wir bemerken dabei gar nicht, dass die jungen Fußballer mittlerweile unserem Wortgefecht mehr Beachtung schenken als dem Spielverlauf. Wie bei einer Tennispartie wenden sie ihre Köpfe von links nach rechts und zurück, jeweils gespannt auf den nächsten verbalen Schlag der Kontrahenten. Und auch die übrigen Zuschauer sind beeindruckt – das hätten sie dem Papa von Manuel gar nicht zugetraut!

Kurz vor Spielende fällt er dann doch noch, der hochverdiente Ausgleichstreffer, und damit endet das Spiel ebenso wie das Duell der Spielerväter – unentschieden. Denn in der Sportkantine gibt es nach einem beruhigenden kühlen Getränk ein paar versöhnliche Worte, und die Sache ist erledigt. Dabei stellt sich heraus, dass ich die Aufforderung „Kumm umme" völlig falsch interpretiert habe: Ich hätte nämlich auf die andere Seite des Spielfeldes kommen sollen, um selbst die undankbare Aufgabe des „Wachelns" zu übernehmen, wo ich es doch so viel besser wüsste ... So ein kleines Missverständnis kann schon mal den Unterschied machen zwischen einem kühlen Bier und einem blauen Aug – denn so klein war er gar nicht, der Linienrichter auf der anderen Seite.

Noch gravierender ist allerdings das große Missverständnis, das ich mit vielen übermotivierten Spielervätern teilte: Ging es hier wirklich ums Gewinnen? War ich nicht mit meinem Sohn hierhergekommen, um mit ihm die Freude am Fußballspiel zu erleben und ihm meinen Respekt für seinen Einsatz zu zeigen? Fest steht: Es geht nicht um unseren Sieg! Es geht auch nicht um den Sieg unserer Kinder, sondern darum, dass sie Freude am Sport und dabei auch das eine oder andere Erfolgserlebnis teilen dürfen! Das gilt nicht nur für den Fußballplatz, sondern für jede außerschulische Aktivität unserer Kinder, sei es im Sport, in der Kunst oder bei jedem anderen sinnvollen Hobby, für das sich ein Kind über einen längeren Zeitraum begeistern kann. Denn dann hat es die Chance, eine Stärke zu entwickeln, die entscheidend sein kann für seinen zukünftigen akademischen und beruflichen Erfolg: Biss!

Die amerikanische Psychologin und Bestsellerautorin Angela Duckworth hat der Bedeutung von Biss in ihrem Buch *Grit* zu weltweiter Anerkennung verholfen.[27] Darin erfährt man unter anderem, dass die Harvard University mittlerweile verstärkt Wert darauf legt, etwas über die „außerschulischen Aktivitäten" der Bewerber zu erfahren, statt nur den Schulerfolg selbst als Aufnahmekriterium zu berücksichtigen. Diese Aktivitäten haben unter drei Bedingungen große Bedeutung für den späteren akademischen und beruflichen Erfolg. Man braucht

1. einen leidenschaftlichen Coach, der sich auf die Stärken seiner Schützlinge konzentriert („Stärken stärken!");
2. einen Zeitraum von mehr als einem Jahr, in dem man die Aktivität betreibt;
3. spürbaren und messbaren Fortschritt von Jahr zu Jahr, etwa in Form von Wettbewerben, Bestzeiten oder abgelegten Prüfungen.

Warum ist das so? Nun, in der Schule ist zwar auch Durchhaltevermögen gefragt, aber das gilt für alle und ist nicht immer ganz freiwillig. Wenn in Kindern außerhalb des Unterrichts eine Leidenschaft für außerschulische Aktivitäten geweckt wird und sie daran über mehrere Jahre freiwillig (!) festhalten, lernen sie etwas, das sie ein ganzes Leben lang erfolgreich machen wird. Die Formel dafür lautet

Biss (Grit) = Durchhaltevermögen x Leidenschaft

Auch meine eigene Erfahrung bei der Rekrutierung von jungen Mitarbeiter*innen bei Red Bull bestätigt, dass Biss zu den wichtigsten Stärken zählt, die diese jungen Leute auf Dauer erfolgreiche Karrieren verfolgen lässt. Manchen von ihnen wurde dieser innere Antrieb schon in die Wiege gelegt, aber die meisten haben sich ihren Biss während der mehrjährigen ambitionierten Ausübung von außerschulischen Aktivitäten zulegen können.

Thomas Kukla, der erfahrene Bergführer an der StGIS, hat Schulkinder über viele Jahre in ihrer Entwicklung beobachtet und sie durch Extremsituationen am Berg begleitet. Er beschreibt den magischen Moment, wenn seine Schützlinge ein Schlüsselerlebnis beim Klettern in der Bergwand erfahren, das in ihnen eine besondere Stärke weckt: „Es gibt diesen Durchbruch-Moment, wenn die Kinder beim Klettern erstmals die Höhe von zwanzig Metern erreichen. In diesem Moment sind sie mit einer neuen Realität konfrontiert. Das kann man aus ihren Gesichtern ablesen. Woah! Sie sind sich bewusst, dass sie sich völlig auf ihre Ausrüstung verlassen müssen, auf die technischen Fähigkeiten, die sie erlernt haben, und auf ihren Partner, der sie sichert. Hier oben beginnt ein Umdenken, weg vom Herumblödeln und hin zu vollständiger Fokussierung und vollem Engagement in zukünftigen Aktivitäten."[23] Sie entdecken den Biss, der sie Dinge erledigen lässt, ohne zwischendurch der Verlockung des Aufgebens zu erliegen. Nehmen sie diese Erfahrung auch in den Klassenraum mit? Thomas lacht auf: „Bei den Abschlussprüfungen kommt es immer heraus. Die Kinder sagen mir, das war wie auf einer Expedition unter erschwerten Bedingungen. Sie überstehen die harten Momente und vertrauen darauf, dass ihre Vorbereitung sie ihre Ziele erreichen lässt." Thomas richtet seinen Blick gedankenverloren auf den Horizont, dann fügt er hinzu: „Diese Erlebnisse berühren ihre Seelen. In meiner Erfahrung habe ich gesehen, dass du diesen Biss für immer behalten wirst."

Außerschulische Aktivitäten haben enorme Bedeutung für die Entwicklung unserer Kinder. Ich würde sogar so weit gehen, dass sie eine zumindest gleich große Wichtigkeit wie der Unterricht in der Schule haben. Und wenn man die Schulkinder fragt, steht für viele von ihnen ohnehin fest, dass ihre außerschulische Leidenschaft viel wichtiger für sie ist als ihre schulischen Leistungen. Sie fiebern oft über Wochen und Monate einem wichtigen Fußballspiel, einer schwierigen Reitprüfung, einer großen Theateraufführung, einem internationalen Schreibwettbewerb etc. entgegen, und wir sollten Verständnis dafür aufbringen, dass in dieser Situation die Schule auch einmal nur die zweite Geige spielt. Wenn Eltern ihre Kinder zur Ausübung einer außerschulischen Aktivität animieren, hat das also keineswegs etwas mit Abschieben oder Zeitvertreib zu tun. Unter den oben erwähnten drei Voraussetzungen ist es ein entscheidender Schritt zum Erwerb von Biss – und weg von Lethargie und gefühlter Sinnlosigkeit, unter der so viele junge Menschen heute leiden.

Es ist großartig, dass so viele Eltern ihren Kindern die Möglichkeit geben, eine oder mehrere außerschulische Aktivitäten auszuprobieren, bis die Kinder ihre Leidenschaft finden, die sie über mehrere Jahre hinweg verfolgen können. Was aber geschieht mit den zahlreichen Kindern, die keinerlei Zugang zu Vereinen oder anderen Aktivitäten haben? Speziell viele Kinder mit Migrationshintergrund haben keine Eltern, die sie zu diesem entscheidenden Schritt animieren. Oder sie haben schlichtweg keine Zeit dafür, weil sie sich nach der Schule um ihre Geschwister kümmern müssen, wie es die ehemalige Lehrerin und Migrationsexpertin Melisa Erkurt in ihrem empfehlenswerten Buch *Generation haram* beschreibt.[29] Hier kommt der Schule eine entscheidende Verpflichtung zu: außerschulische Aktivitäten für alle jene Kinder anzubieten, die keinen Zugang zu Vereinen oder anderen externen Anbietern haben. Was immer diese außerschulischen Aktivitäten an der Schule sind, die von Lehrer*innen oder Coaches angeboten werden, die ihre Leidenschaft mit den Kindern teilen – es gelten auch hier die drei Voraussetzungen, die ich hier wiederhole:

1. Ein leidenschaftlicher Coach, der sich auf die Stärken seiner Schützlinge konzentriert („Stärken stärken!").
2. Ein Zeitraum von mehr als einem Jahr, in dem man die Aktivität betreibt.
3. Spürbarer und messbarer Fortschritt von Jahr zu Jahr, etwa in Form von Wettbewerben, Bestzeiten oder abgelegten Prüfungen.

Im Sinne der Chancengleichheit für alle ist dies eine entscheidende Forderung. Und sie ist nur bewältigbar, wenn wir uns bewusst für ein Bildungskonzept entscheiden, das seit Jahrzehnten höchst kontroversiell diskutiert wird: die Ganztagsschule.

PLÄDOYER FÜR DIE GANZTAGSSCHULE

Beim Streitthema Ganztagsschule habe ich mit fliegenden Fahnen die Seite gewechselt. Früher war ich dagegen. Und zwar aufgrund meiner leicht verklärten Erinnerungen an meine eigene glückliche Schulzeit in einem öffentlichen Wiener Gymnasium ohne Nachmittagsunterricht. In meinem Gedächtnis ist abgespeichert, dass ich gerne in die Schule ging und bei Mitschülern und Lehrern beliebt war ... Obwohl – wenn ich genau darüber nachdenke, kam ich erst in der neunten Schulstufe in eine Klassengemeinschaft, in der ich mich sofort wohlfühlte. Denn als Verstärkung der Fußball-Klassenmannschaft fand ich da gleich mal Anerkennung. Aber war ich wirklich beliebt? Von Partyeinladungen hatte ich mich zunächst ferngehalten – wahrscheinlich aufgrund von traumatischen Faschingsparty-Erlebnissen in der Grundschulzeit. Denn meine Mutter hatte immer auf einer „vernünftigen" Verkleidung bestanden. Während die anderen Burschen in coolen Cowboy- oder Indianer-Monturen auftraten, kam ich als einziger in einem *Sparefroh*-Kostüm. Der *Sparefroh* war eine damals von einer Bank beworbene Comicfigur, die dazu animieren sollte, sein Geld brav auf die Bank zu tragen – in den Augen meiner Mutter durchaus vernünftig. Mein Kostüm bestand aus einem knallroten, spitzen Hut, einem dunkelgrünen, unangenehm kratzigen Ganzkörperanzug und einem umgeschnallten runden Karton von etwa einem Meter Durchmesser, auf dem ein Schilling aufgemalt war – die damalige Währung in Österreich. Dass man damit nicht zu den Favoriten unter den feenhaften oder prinzessinnengleichen Mädchen zählte, war nur das eine Problem. Das Hauptproblem war die Unförmigkeit des Schilling-Kartons, der mich zudem am Hals würgte, wenn ich mich hinzusetzen versuchte, sodass ich nicht einmal einen Faschingskrapfen essen konnte. Vielleicht tue ich mich bis heute schwer damit, auf Partys neue Leute kennenzulernen, weil ich mich noch immer ein bisschen wie der Junge mit dem *Sparefroh*-Kostüm fühle ...

Die nächste verklärte Erinnerung – und ich bin mir sicher, Sie haben auch jede Menge davon – ist die an das frisch gekochte Essen am Mittagstisch, wenn ich von der Schule nach Hause kam. Erst viel später erfuhr ich von meiner Mutter, wie sehr sie sich täglich abkämpfte, um von der Volksschule, an der sie unterrichtete, nach Hause zu hetzen, damit ihre beiden Söhne in den Genuss von regelmäßigem und gesundem Mittagessen kamen. Erst danach kamen für sie die Hausarbeit, die Vorbereitung ihres nächsten Schultages sowie das Vorkochen für meinen Vater, der sein Mittagessen mit in die Arbeit nahm. Ich habe keine Erinnerung daran, dass sie sich damals zwischendurch auch einmal ausruhte. Nach dem Mittagessen machte ich als guter Schüler nicht ungern meine Hausaufgaben – so habe ich es zumindest in Erinnerung – und am späteren Nachmittag fuhr ich mit der Straßenbahn zum geliebten Handballtraining. Heute weiß ich, dass ich es einer Serie von Zufällen zu verdanken habe, dass ich meine Leidenschaft zum Handballsport entdecken durfte: von der Vorbildwirkung meines älteren Bruders, der vor mir mit dem Handballspielen begann, über die Unterstützung des Administrators unserer Schule, der mich von der Schule jederzeit freistellte, bis zum großen Glück mit leidenschaftlichen Trainern. In den nächsten zehn Jahren sollte es unser Team von der Wiener Liga bis in den Europacup der Landesmeister – der heutigen Champions League – schaffen. Für mich war diese Mannschaft auch ein Auffangbecken in einer schweren Zeit, denn im Alter von siebzehn Jahren musste ich den Schock des plötzlichen Todes meines Vaters verkraften, und meine Mutter fiel damals in eine tiefe Depression. Von einem Tag auf den anderen musste ich erwachsen werden. Allerdings lernte ich dabei wohl das Durchhaltevermögen, das ich in meiner beruflichen Karriere später gut gebrauchen konnte.

Meine Ablehnung von Ganztagsschulen war also lange Zeit den eigenen – verklärten – Erinnerungen zuzuschreiben, bis mich zwei Einsichten zu einem fundamentalen Umdenken bewegten: Erstens, ich war in meiner Schulzeit privilegiert und hatte Riesenglück gehabt. Und zweitens: Die Zeiten haben sich geändert!

Das Heile-Welt-Bild von der glücklichen Hausfrau, die darin Erfüllung findet, ihre Familie täglich zu bekochen, ist heute einfach nicht mehr mehrheitsfähig – wenn es denn überhaupt je so war. Wollen wir darüber abstimmen, wie vielen Müttern es heute lieber wäre, wenn ihre Kinder schon in der Schule gesunde, möglichst regionale, fleischarme und nachhaltige Ernährung genießen könnten? Für viele Eltern bietet dies auch völlig neue berufliche Entfaltungsmöglichkeiten! Und der Lehrkörper soll natürlich auch in den Genuss einer gesunden Mittagspause kommen, um gestärkt in die verbleibenden Nachmittagsstunden zu gehen. Für Kinder wie für Lehrer muss allerdings gelten, dass sie einen fairen Preis für ihr Essen bezahlen – denn das wäre ja zu Hause auch nicht kostenlos. Und ich rate zur Vorsicht, bevor der Menüplan der Schulmensa allzu schnell in Richtung vegetarisch umgestellt wird. Bevor es hier zu Meutereien und Bisswunden beim Küchenpersonal kommt, empfiehlt sich eine graduelle Reduktion des Fleischkonsums samt begleitender pädagogischer Maßnahmen zum Thema „Auswirkungen des Diätplanes auf unseren Körper und unsere Umwelt".

Die Notwendigkeit von Ganztagsschulen leitet sich außerdem aus dem zwingend notwendigen Vorhandensein eines verlässlichen WLANs an der Schule ab – denn man kann keinesfalls damit rechnen, dass dies in allen Haushalten zur Verfügung steht. Und die Schulkinder können ihre Aufgaben bereits in der Schule machen und haben dann am späteren Nachmittag Zeit für ihre Freunde, ihre Hobbys oder für die Unterstützung ihrer Familien. Aber die stärksten Argumente pro Ganztagsschule stehen schon weiter oben in diesem Kapitel: Integration und außerschulische Aktivitäten. Die Mitwirkung in den so wertvollen Sportvereinen darf zwar durch die Einführung der Ganztagsschule keinesfalls behindert werden und ist in die Nachmittagsplanungen zu integrieren. Wenn Kinder beispielsweise in ihrem Fußballverein spielen, so kann dies die von der Schule angebotenen außerschulischen Aktivitäten ersetzen. Aber alle, wirklich alle Schulkinder sollen Zugang zu Aktivitäten außerhalb ihrer Schulfächer haben, in denen sie ihre Leidenschaften entdecken und Biss entwickeln können. Die lückenlose Umsetzung dieses Prinzips ist eine Kernaufgabe eines Leuchtturmes der Bildung – und dies ist ohne Ganztagsschulen nicht vorstellbar.

ZUSAMMENFASSUNG DES SECHSTEN SCHRITTES: CHANCENGLEICHHEIT FÜR ALLE!

Die so wichtige Integration von Kindern mit und ohne Migrationshintergrund funktioniert aus Erfahrung der StGIS am besten, wenn neue Schulkinder von Anfang an in ihrer Regelklasse unterrichtet werden, auch wenn sie zunächst nicht viel von der Unterrichtssprache verstehen.

Speziellen Deutschunterricht sollten sie zusätzlich bekommen, bis sie es fließend sprechen. Ein Grundprinzip für die rasche Integration ist dabei stets zu beachten: Sobald mehr als zwei Menschen zusammenkommen, die nicht dieselbe Muttersprache haben, wird sofort ins Deutsche gewechselt. Das ist eine Frage der Höflichkeit, der Willkommenskultur und – der Integrationsfähigkeit.

Außerschulische Aktivitäten bieten an der Schule oder in Vereinen wertvolle Gelegenheiten der Integration. Und sie geben allen Kindern die Chance, in freiwillig verfolgten Leidenschaften eine Stärke zu erfahren, die sie ihr ganzes Leben begleiten wird: den Biss, eine angefangene Aufgabe mit Begeisterung zu Ende zu bringen. Dafür ist stärkenorientiertes Coaching eines Trainers, der seine Leidenschaft mit den Kindern teilt, eine entscheidende Voraussetzung, weiters die Ausübung der Aktivität über einen Zeitraum von mehr als einem Jahr hinweg sowie messbarer Fortschritt von Jahr zu Jahr, etwa in Form von Wettbewerben, Bestzeiten oder abgelegten Prüfungen.

Um die Anforderungen von Integration und Zugang zu außerschulischen Aktivitäten für wirklich alle Kinder zu erfüllen, ist die Entscheidung für die Ganztagsschule essenziell. Nur so kann man gewährleisten, dass nicht nur bildungsnahe Eliten in Elfenbeintürmen eine lebenslange Liebe zum Lernen erfahren dürfen, sondern dass mit offenem Zugang zu Leuchttürmen der Bildung Chancengleichheit für alle besteht. Die Türen müssen für alle Kinder einladend weit offen stehen – hindurchgehen müssen sie allerdings selbst.

SCHRITT

ISLANDS OF EXCELLENCE

DAS ERSCHAFFEN VON LEUCHTTURMINSELN IN EINEM MEER VON MITTELMASS

„JA, ABER …“

Diese Phrase hören wir oft, wenn ein innovatives Vorhaben torpediert werden soll – zum Beispiel einen Leuchtturm der Bildung zu erschaffen. Was nach dem „aber“ kommt, wird natürlich stark variieren. Das eine Mal wird der Widerstand gegen Ihr Projekt stärker sein, das andere Mal schwächer. Der siebte und letzte Schritt in dieser Anleitung zu einer Schulrevolution befasst sich mit diesen Gegenargumenten und Widerständen und wie wir am besten damit umgehen. Warum steht dieser Aspekt am Ende meines Buches? Weil eher mit Widerständen und Angst vor Neuem zu rechnen ist als mit Zuspruch, Vertrauen und offenen Türen.

Konservative Bildungstheoretiker neigen dazu, Zustände und Werte eher zu erhalten, als sie zu überdenken und zu erneuern. Um das Prinzip „Stärken stärken“ zu diskutieren, braucht es einen toleranten und offenen Geist als Gegenüber. Rechnen Sie also mit Widerstand, wenn Sie ein inspirierendes Leitbild für die Kinder an Ihrer Schule kreieren, wenn ein/e Schuldirektor*in zum Schul-CEO aufsteigen will, wenn coole Lehrer*innen ungewöhnliche Wege des Unterrichtens gehen, wenn Eltern, Schülervertreter*innen und Sponsoren zu einer Gemeinschaft zusammenwachsen und wenn wirklich alle Kinder Chancen zum Zugang zu einem Leuchtturm der Bildung bekommen sollen.

Die beharrenden Kräfte sind mächtig und scheinen manchmal unüberwindbar. Es gibt aber einen Weg, wie Sie das schier Unmögliche trotzdem Wirklichkeit werden lassen und die Zukunft von Schulkindern erhellen können: Errichten Sie Ihren Leuchtturm auf einer Insel, einer Island of Excellence!

Aber lassen Sie uns zunächst auf ein paar der gängigen Argumente eingehen, mit denen wir immer wieder konfrontiert werden. Ich beziehe mich an der Stelle auf Argumente gegen die St. Gilgen International School, aber sie sind durchaus auch für vergleichbare Schulprojekte denkbar.

- So viel Geld pro Schulkind kann man nur in einer Privatschule ausgeben. Österreich verwendet ca. 10 Prozent aller öffentlichen Ausgaben für die Bildung, für soziale Sicherung sind es ca. 40 Prozent (Quelle: Bericht des Momentum Instituts vom 11. März 2022[30]). Im Pandemiejahr 2020 sank der Bildungs-Prozentsatz allerdings leider unter 9 Prozent. Die Bildungsausgaben pro Schulkind ab der 5. Schulstufe betragen in Österreich rund 10.000,- Euro pro Jahr, womit das Schulsystem in Österreich zu den teuersten Europas zählt. In Deutschland liegt dieser Betrag pro Schulkind etwas unter dem österreichischen Niveau, variiert aber stark von Bundesland zu Bundesland. Die StGIS gibt pro Kind deutlich mehr als das aus, die Kosten inkludieren aber auch das im Schulgeld enthaltene Essen, sämtliche Aktivitäten (wie z.B. Skifahren) und die Gebäudekosten. Wenn man diese Beträge ausklammert und Äpfel mit Äpfeln vergleicht, so betragen die Kosten pro Kind an der StGIS etwa das Doppelte einer öffentlichen Schule. Und dieser Unterschied ist hauptsächlich der Klassengröße geschuldet, die in der StGIS im Schnitt bei zwölf Kindern liegt. Würde die StGIS die Klassengröße auf 24 Kinder anheben, so würde sie etwa gleich viel pro Schulkind ausgeben wie eine öffentliche Schule. Der Qualitätsunterschied ist – abgesehen von Klassengrößen – also nicht eine Frage von Budgets, sondern in erster Linie von professionellem Management und Leidenschaft.

- <u>So etwas wie die StGIS funktioniert nur am Wolfgangsee.</u> Es stimmt, dass die idyllische Lage in einer einzigartigen Sommer- und Wintersportregion zur Attraktivität der StGIS beiträgt. Die Prinzipien für einen Leuchtturm der Bildung funktionieren allerdings an jedem Ort, auch wenn man das Aktivitätenprogramm natürlich dem Umfeld einer Schule anpassen muss. In einer Großstadt zählen dafür ein abwechslungsreicheres Kulturprogramm, eine größere Auswahl von Vereinen oder der Zugang zu verschiedensten Sporthallen zu den Stärken eines Aktivitätenangebots.
- <u>An einer Brennpunktschule würde das nicht funktionieren.</u> Ich habe selbst keine Erfahrung mit sogenannten Brennpunktschulen mit hohem Migrationsanteil, und mein Respekt für alle, die in diesem schwierigen Umfeld arbeiten, ist riesengroß. Was mich dennoch an das Funktionieren des Prinzips „Stärken stärken" und die Fähigkeiten leidenschaftlicher Lehrer*innen an jedem Ort der Welt glauben lässt, ist unter anderem das von Richard David Precht zitierte schwedische Experiment (aus: *Anna, die Schule und der liebe Gott*[31]), das ich hier wortgetreu wiedergeben will:

  ... Die 9a der Johannes-Schule (im schwedischen Malmö) ist, nach landesweiten Vergleichstests, eine der schlechtesten Klassen Schwedens. Nun werden alle Lehrer ausgetauscht gegen acht „Superlehrer" – Pädagogen, deren Schüler regelmäßig weit überdurchschnittliche Leistung bringen. Der Auftrag an die Lehrerstars lautet, die 9a zu einer der drei besten des Landes zu machen. Innerhalb von fünf Monaten. ... „Das kann nicht klappen", sagt einer der Schüler. Man hat ihn und die anderen 15- und 16-Jährigen eigentlich längst aufgegeben. Zu schlecht, zu faul, zu dumm. Eine der

neuen Lehrerinnen eröffnet ihre erste Stunde mit der Bitte: „Erzählt mal, worin ihr gut seid." Schweigen. Eine Schülerin fragt: „Darf ich auch sagen, was ich nicht kann?" Eine quälende Endlosigkeit verstreicht, bis alle Schüler zumindest eine Fähigkeit in sich entdecken. ... 1,2 Millionen Zuschauer verfolgten die Doku (über das Experiment im Jahr 2007) *im Fernsehen – für schwedische Verhältnisse ein Straßenfeger. Am Ende steht die vormalige Katastrophenklasse als drittbeste des Landes da ... Zwanzig Jugendliche, die fast schon aufgegeben waren und aufgegeben hatten, sehen zu Recht wieder in eine aussichtsreiche Zukunft ...*

Seien Sie auf diese und viele andere Gegenargumente gefasst und auch darauf, dass Ihre Antworten nicht immer auf offene Ohren stoßen werden. Erinnern Sie sich noch an die Weisheit John Kotters, den ich Ihnen im fünften Kapitel im Zusammenhang mit der Frage vorgestellt habe, woran so viele Veränderungsprozesse scheitern? Argumente können häufig nicht viel ausrichten, weil nicht das Hirn, sondern das Herz entscheidet. Mitstreiter werden Sie daher unter jenen Veränderungswilligen finden, die sich der Krise unseres Bildungssystems bewusst sind, und nicht unter jenen, die es verteidigen. Aber müssen wir wirklich alle von der Notwendigkeit unserer Schulrevolution überzeugen?

Ich durfte auf meinem langen Berufsweg schon einmal mitten im Auge des Taifuns einer Umwälzung mitwirken, und zwar in einer Revolution des Getränkemarktes. Als ich im Jänner 1995 als einer der ersten Manager beim damaligen Energydrink-„Start-up" Red Bull anheuerte, deutete noch nicht viel darauf hin, dass diese Marke von Fuschl am See aus – der Nachbargemeinde von St. Gilgen – einen globalen Siegeszug antreten würde, der den bestehenden Getränkemarkt auf den Kopf stellen sollte. Die damaligen

Gegenargumente zu einem Erfolg dieser neuen Getränkekategorie lauteten: „Zu süß, zu ungesund, zu teuer!“ Und es war verdammt schwer, Mitstreiter zu finden, die Red Bull eine Chance geben würden. Was die Geburtsstunde einer Weltmarke mit einer kleinen Privatschule zu tun hat – bis auf die Nachbarschaft in der Seenlandschaft des Salzkammergutes? Es sind einerseits die Entscheidung für größtmögliche Unabhängigkeit sowie andererseits die vollständige Fokussierung auf jenes – zunächst kleine – Umfeld, das man direkt mit seinen höchsten Qualitätsansprüchen beeinflussen kann. Mein eigenes Erfolgsrezept als Manager ist es, zunächst möglichst kleine und unabhängige Einheiten zu schaffen, die ich „Islands of Excellence“ nenne und die sich an den besten der Welt orientieren – und deren Einfluss sich mit ihrem Erfolg sukzessive ausdehnt. Und meine allererste solche „Island of Excellence“ war auf den Traum eines älteren Regionalverkaufsleiters gebaut.

Meine erste Aufgabe bei Red Bull bestand darin, ein Team von fünf Mitarbeitern zu führen, die damals den Heimatmarkt Österreich in Verkauf und Marketing bearbeiteten. Diese Mannschaft kam an einem geschichtsträchtigen Tag zusammen, um zu beraten, was man nach ersten Anfangserfolgen mit dieser Marke noch erreichen könnte. Nach einigem Zögern erzählte einer der Kollegen – nennen wir ihn Ferdinand – von seinem Traum, in dem wir alle in einem Konferenzraum sitzen: *Die Tür geht auf, ein Herr im Anzug kommt herein und stellt sich als Vertreter einer Marktforschungsfirma vor. Er präsentiert uns, dass Red Bull in Österreich Coca-Cola überholt habe und damit die wertvollste Getränkemarke des Landes sei.* „Jetzt werdet ihr mich wahrscheinlich auslachen“, schloss Ferdinand die Erzählung seines Traums, und genau so war es auch: Wir lachten ihn aus. Das klang alles einfach zu unrealistisch. Wir hätten den Umsatz vervielfachen müssen, um eine legendäre Marke zu überholen, die es seit über hundert Jahren gab und die über hundertmal mehr Mitarbeiter verfügte.

Einige erfolgreiche Jahre später sah es dann aber tatsächlich so aus, als würde der Traum von Ferdinand innerhalb der nächsten drei bis fünf Jahre in Erfüllung gehen, wenn wir noch einen ordentlichen Wachstumsschub draufsetzten. Dieser Traum wurde nun zur offiziellen Mission des Teams von Red Bull Österreich, das mittlerweile aus ca. fünfzig Personen bestand. Je näher die Erreichbarkeit rückte, desto mehr Mitarbeiterinnen und Mitarbeiter waren überzeugt, dass wir es schaffen würden. Erstmals redeten wir darüber, wie wir diesen Erfolg feiern wollten, wenn er tatsächlich eines Tages Wirklichkeit werden sollte. Nach einem hochmotivierten Brainstorming einigte man sich auf ein Partyboot vor Ibiza, ein Katamaran sollte es schon sein, mit weißen Segeln ... und wir schickten uns gegenseitig die neueste „Café del Mar"-CD, um den Sound von Ibiza schon mal im Ohr zu haben. Jetzt glaubte jedes einzelne Teammitglied – von der Verkaufsassistentin bis zum Studenten im Ferienjob – so sehr daran, dass das Erreichen der Mission fast unvermeidlich wurde. Schließlich baten einige ihre Freunde, Freundinnen und Familienmitglieder im entscheidenden Jahr, kein einziges Coca-Cola anzurühren, weil genau diese eine Flasche oder Dose den Unterschied ausmachen könnte.

Am Jahresende planten wir ein großes Meeting mit allen Teammitgliedern in Wien, und Ferdinand, der knapp vor seiner Pensionierung stand, wurde nichtsahnend in die erste Reihe gesetzt. Zu Beginn unserer Konferenz öffnete sich die Tür, ein

Herr im Anzug erschien und stellte sich als Repräsentant einer Marktforschungsfirma vor. Wenig später startete er seine PowerPoint-Präsentation und kam bis zu dem Chart, das belegte, dass Red Bull wertmäßig Coca-Cola in Österreich überholt hatte und damit die Getränkemarke Nummer eins war. Ich beobachtete den armen Ferdinand in der ersten Reihe, dem die Tränen aus den Augen schossen und beinahe seine dicken Brillengläser wegspülten. Das war sein Traum, der soeben Wirklichkeit geworden war! Im Saal brach die Hölle los, und die Disziplin ließ sich nicht so schnell wiederherstellen. Auch nicht auf Ibiza, wo alle Teammitglieder wenig später auf einem Katamaran die Party ihres Lebens feierten. Blöderweise hatte ich die Konzernleitung, der ich damals noch nicht angehörte, nicht rechtzeitig darüber informiert, was für eine Feier ich da dem österreichischen „Dream Team" versprochen hatte, und wegen der hohen Kosten der Ibiza-Party bekam ich auch ordentlich Probleme ... Aber das war es wert! Denn nachdem wir tatsächlich den Sprung zur Nummer-eins-Getränkemarke des Landes geschafft hatten, verbreitete sich der Glaube an das, was möglich war, so schnell wie die internationalen Aufgaben, die die Mitglieder dieses ursprünglichen Österreich-Teams für Red Bull in aller Welt annahmen. Nicht überall, aber an immer mehr Orten entstanden „Islands of Excellence", die einen Grundpfeiler des globalen Erfolges von Red Bull bis heute ausmachen.

Aber was hat diese Story aus den Anfangszeiten von Red Bull mit der Vision von Leuchttürmen der Bildung zu tun? Nun, die Anwendbarkeit des Islands-of-Excellence-Konzeptes, das ich 2019 im *Manager Magazin* und im österreichischen Wirtschaftsmagazin *trend*[32] veröffentlicht habe, beschränkt sich nicht nur auf eine Getränkefirma oder andere Wirtschaftsunternehmen. Es funktioniert beispielsweise auch in der Welt des Sports: Mich hat speziell die Island of Excellence beeindruckt, die der erfolgreichste alpine Skifahrer aller Zeiten – Marcel Hirscher – gemeinsam mit seinem Vater und etwa einem Dutzend Mitstreitern geschaffen hat, die ziemlich unabhängig vom mächtigen Österreichischen Skiverband auf Marcels Erfolge hinarbeiteten. Im Mannschaftssport sind für mich die Red Bull Fußball- und Eishockey-Akademien inspirierende Islands of Excellence, die zahlreichen Talenten den Weg an die Weltspitze ermöglichen. Und in der Welt der Bildung? Hier kann die StGIS als Non-Profit-Organisation Vorbildwirkung haben, die sich ihre Unabhängigkeit von der öffentlichen Hand oder außenstehenden Investoren erhalten hat, um sich zu einem Leuchtturm der Bildung zu entwickeln.

Wenn ich Ihnen empfehle, Ihren Leuchtturm der Bildung zunächst auf einer Insel zu errichten – einer Island of Excellence –, dann spiegelt sich in dieser Empfehlung meine gesammelte Erfahrung in Wirtschaft, Sport und Bildung während mehr als einem Vierteljahrhundert wider. Wir können nicht alle überzeugen, und wir können es nicht allen recht machen. Aber wir können uns auf ein Umfeld konzentrieren, auf das wir direkten Einfluss haben, um auf dieser Insel alles richtig zu machen. Der Erfolg dieser Island of Excellence wird auf sein erweitertes Umfeld abfärben und Nachahmer finden. Und die auf der Insel Mitwirkenden werden sie einmal verlassen und an anderen Orten solche Inseln schaffen, die wiederum ihren Einflussbereich ausbauen werden. Dieses Konzept einer sanften Revolution von unten ist das Gegenstück zu einer diktierten Reform von oben. So wie es in der Wirtschaft bei Red Bull und anderen Erfolgsunternehmen funktioniert, so wie es im Sport bei Weltklasseathleten genauso erfolgreich ist wie bei Spitzenteams, so funktioniert es auch in der Welt der Bildung. Dabei spielt es keine Rolle, wie groß die Insel ist, auf der Sie Ihren Leuchtturm errichten: Sie kann die Größe einer Schule haben oder gleich mehrerer, sie kann aber auch ein Klassenzimmer sein oder gar eine Familie. Entscheidend ist, dass Sie sich auf genau den Bereich konzentrieren, den Sie selbst direkt beeinflussen können - auf Ihre Insel. Warten Sie nicht auf Hilfe von außen oder eine Reform von oben, sondern legen Sie sofort auf Ihrer Insel los, um später Ihren Einfluss Schritt für Schritt auszuweiten.

Ich habe mich in diesem Buch auf die sieben Schritte zur Erschaffung von Leuchttürmen der Bildung konzentriert, die jeder Mann und jede Frau gehen kann, ohne auf etwaige Reformvorhaben von oben angewiesen zu sein. Der entscheidende erste Schritt - das Bekenntnis zum Stärken von Stärken der Schulkinder - spielt sich ohnehin im Kopf ab. Für die Erarbeitung eines inspirierenden Leitsatzes zum Wohle der Kinder (Schritt zwei) benötigt man auch keine Obrigkeiten, ebenso wenig für die Entwicklung der Schulleitung zum Schul-CEO unter Anleitung des dritten Kapitels. Das, was coole Lehrer*innen ausmacht - Leidenschaft, Präsenz und Selbstironie -, kann ebenso in Eigenregie als vierter Schritt gegangen werden wie die Zusammenarbeit mit engagierten Eltern, Schülervertreter*innen und Sponsoren als Schritt fünf. Chancengleichheit für alle durch Integration, außerschulische Aktivitäten und Ganztagsschule als sechster Schritt benötigt zwar gute Zusammenarbeit mit dem erweiterten Schulumfeld - die Initiative dazu soll aber auch vom Innenbereich des Leuchtturmes kommen. Der siebte Schritt - die Konzentration auf seinen eigenen Einflussbereich als „Island of Excellence" - schließt diese Anleitung zu einer Schulrevolution ab.

Zum Wesen Ihrer Island of Excellence gehört es, dass sie stets aus einem Meer der Mittelmäßigkeit herausragt. „Ich hasse Mittelmäßigkeit! Mir ist lieber, ein Spieler ist sauschlecht – das ist wenigstens unterhaltsam." Diese Worte meines Freundes und früheren Handball-Nationaltrainers Roland Marouschek stehen für alle Lehrer*innen, Eltern, Schul-CEOs, Manager, Coaches etc., die gegen jede Form von Mittelmäßigkeit ankämpfen, um außergewöhnliche Leistungen zu ermöglichen. Bei Mittelmäßigkeit handelt es sich um eine Urgewalt, vergleichbar mit der Schwerkraft. Denn wie die Schwerkraft zieht uns auch das Mittelmaß hinunter auf den Boden eines „Meeres der Mittelmäßigkeit", und es ist ein harter täglicher Kampf, sich mit beharrenden Kräften von außen und der eigenen Bequemlichkeit auseinanderzusetzen. Auf der anderen Seite gibt es kaum etwas Erfüllenderes, als einem jungen Talent dabei zu helfen, seine Stärken zu entdecken, weiterzuentwickeln und seine Träume zu erfüllen. Verweigern Sie Mittelmäßigkeit! Und lassen Sie es nicht zu, dass Ihre Träume und Ambitionen und die der Ihnen anvertrauten Kinder von der Urgewalt der Beharrlichkeit in die Tiefe gezogen werden!

Stellen Sie sich abschließend einen Leuchtturm auf einer kleinen Insel vor. Er ragt aus dem Meer und trotzt den heftigsten Stürmen, damit sein Licht meilenweit strahlen kann. Sollte dieses Licht erlöschen, würde dies katastrophale Folgen für diejenigen haben, die sich an diesem Licht orientieren. Leuchttürme der Bildung ragen ebenso aus einem Meer der Mittelmäßigkeit heraus, sie müssen Stürmen und anderen Widrigkeiten die Stirn bieten, damit sie die Talente der Schulkinder ans Licht bringen. Leuchttürme der Bildung müssen allerdings nicht unbedingt Gebäude sein, denn sie sind nicht nur auf Schulen und Klassenzimmer beschränkt. Leuchttürme der Bildung sind auch Menschen aus Fleisch und Blut. Menschen, die als Eltern und Pädagog*innen die Stärken von Kindern fördern und ihre Zukunft zum Strahlen bringen wollen. Menschen wie Sie.

Wenn Sie nun nach der Lektüre dieses Buches ein Kind treffen, das Sie gut kennen, dann wagen Sie den ersten Schritt. Sagen Sie dem Kind etwas über seine Stärken. Bringen Sie es zum Strahlen. Wenn Sie dies zu tun bereit sind, dann wird diese Revolution erfolgreich sein. Und dann sind Sie selbst auch einer – ein Leuchtturm der Bildung.

DANK

Begonnen habe ich dieses Buch auf einem Nachtflug zu einem Geschäftstermin in Bangkok. Beendet habe ich es in meinem kleinen Büro unter dem Dach der St. Gilgen International School. Durch das offene Fenster höre ich Kinderlachen vom Schulcampus. Mehr als zehn Jahre lang habe ich Materialien für dieses Buch gesammelt und mit über tausend Schüler*innen, Studierenden, Pädagog*innen und Führungspersönlichkeiten gesprochen. In dieser Zeit haben sich meine beruflichen Rollen und Ziele dramatisch verändert, nicht jedoch meine Werte, meine Familie und meine Freunde.

Durch all die Höhen und Tiefen dieser ereignisreichen Zeit hat mich meine wundervolle Frau Angelika liebevoll begleitet. Es war das größte Glück meines Lebens, dass sie 1997 und dann nochmals 2018 „Ja!" gesagt hat. Unsere einzigartigen Kinder waren stolz auf ihren Papa bei Red Bull, sind aber genauso begeistert von meinen neuen Wegen. So wie Angelika haben auch sie Entwürfe dieses Buches gelesen und diejenigen Passagen gestrichen, die „voll uncool" waren.

Inspiriert zu vielen Inhalten dieses Buches hat mich auch eine Reihe von Persönlichkeiten, die ich selbst kennenlernen durfte. Einige möchte ich hier namentlich nennen – ohne Anspruch auf Vollständigkeit:

Familie

Gabriele Hückel: meine Mutter, passionierte Volksschullehrerin und als Pensionistin Mitbegründerin einer neuen Schule in Nimo/Nigeria († 2014). ‚Tue Gutes"

Robert Hückel: mein Vater, ein schweigsamer, aber humorvoller und hochgeschätzter Amtstierarzt in Wien/Hietzing († 1984). „Nutze den Tag"

Gerhard Hückel: mein großer Bruder, Eigentümer der Firma Tubes International und der wahrscheinlich beliebteste Chef der Welt. „Oida!"

Fabian Mmagu: mein afrikanischer Bruder, Pfarrer in Wien, Psychologe, Gründer einer Schule in Nimo/Nigeria; ein moralischer Kompass. „Darüber muss ich nachdenken"

Aus der Welt der Wirtschaftswissenschaften

Harvard University: Clayton M. Christensen († 2020), Bill George

Hochschule St. Gallen (HSG), Handelshochschule Leipzig (HHL): Timo Meynhardt

Massachusetts Institute for Technology (MIT): Lawrence E. Susskind

Stanford University: Margaret A. Neale, Robert B. Cialdini

University of North Carolina: Debra L. Shapiro, Nick Didow

Wirtschaftsuniversität Wien (WU): Josef Weidacher

Persönlichkeiten, deren Leadership-Stärken mich inspiriert haben

Hannes Arch (AT): Kunstflug-Pilot und 2008 Red Bull Air Race Gesamtsieger, lebte seine Träume († 2016).

Natascha Badmann (CH): Triathletin, sechsfache Ironman-Hawaii-Siegerin, immer mit einem Lächeln im Gesicht.

Linda und Len Duevel (US): ehemalige Schulleiter in Stavanger (NOR), heute ehrenamtliche Schulberater voller Genialität und Weisheit. „When you are educating a child, time is never wasted!"

Viktor Frankl (AT): Neurologe und Psychiater, schenkte seinen Patienten und Lesern die Frage nach dem Sinn († 1997).

Marcel Hirscher (AT): Olympiasieger und achtfacher Gewinner des Skiweltcups, ein Erfolgsmodell als Athlet und Teamleader mit Professionalität in jedem Detail.

Andy Holzer (AT): blinder Alpinist und Bezwinger der „Seven Summits“, eine Inspirationsquelle für alle Sehenden.

Markus Höttinger (AT) mein cooler, rebellischer Cousin, Autorennfahrer auf dem Sprung in die Formel 1 († 1980 am Hockenheimring).

Patrick Lange (D): der Ironman-Hawaii-Weltmeister von nebenan (2017, 2018), Deutschlands Sportler des Jahres 2018.

Harald Majdan (AT): Direktor des Wiener Gymnasiums BRG 13, Fichtnergasse, mit ansteckender Leidenschaft für Geschichte und Geografie († 1985).

Roland Marouschek (AT): der beste Handballtrainer der Welt (West Wien, Nationalteam) und ebenso leidenschaftlicher Tarock-Partner. „Warum host des ausg’spüht?“

Dietrich Mateschitz (AT) Gründer und CEO von Red Bull, Marketing-Genie und mein langjähriger Chef, blieb trotz seines gewaltigen Erfolges sich selbst immer treu († 2022).

Wilfried Meesen (AT): Sportförderer im BRG 13, Fichtnergasse, regulativer Kettensprenger († 2015). „Schüler Hückel bitte sofort in die Administration!“

Thomas Menzl (AT): mein Taufpate und der beste Handballmanager der Welt (Fivers).

Martina Mötz (AT): seit 2018 Head of School an der St. Gilgen International School, Musterbeispiel für umsichtiges Leadership während der Coronakrise.

Bernd Pansold (D): Sportmediziner und langjähriger Leiter des Red Bull Diagnostics and Training Centers in Thalgau mit Herz und enzyklopädischem Wissen.

Ralf Rangnick (D): Fußballtrainer, Sportdirektor mit Weitblick und Mastermind hinter den Fußballerfolgen von Red Bull.

Jakob Schmidlechner (AT): mein Freund, Triathlon-Partner und Lieblingswirt (Hotel Jakob in Fuschl am See). In regelmäßigen Diskussionen lösen wir am runden Mittagstisch die Probleme der Welt - nur schade, dass uns die Welt dabei nicht zuhört ...

Lothar Seiwert (D): Experte für Zeitmanagement und Autor von *Wenn du es eilig hast, gehe langsam*, sorgt für Lebensbalance.

Herbert Steininger (AT): Präsident des Obersten Gerichtshofs und geduldiger Betreuer meiner Dissertation über die strafrechtliche Beurteilung von Sportverletzungen († 2005).

Ulrike Steinwender (AT): Meine geniale Betreuerin beim Molden Verlag, die das Prinzip „Stärken stärken" an mir selbst anwandte. Ich werde unsere wöchentlichen Calls vermissen!

Sebastian Vettel (D): vierfacher Formel-1-Weltmeister mit Red Bull Racing, Social-Media-Verweigerer und ein Musterbeispiel für die Trennung von Beruflichem und Privatem.

ZUM WEITERLESEN UND QUELLENANGABEN

Die folgenden – allesamt empfehlenswerten – Werke dienten als Zitiervorlagen oder gaben mir Denkanstöße für Inhalte dieses Buches:

Bregman, Rutger (2020): *Humankind. A Hopeful History.* London

Christensen, Clayton, James Allworth, und Karen Dillon (2012): *How Will You Measure Your Life?* New York

Cialdini, Robert (1993): *Influence. The Psychology of Persuasion.* New York

Collins, Jim (2001): *Good to Great. Why Some Companies Make the Leap … and Others Don't.* New York

Covey, Stephen (2019): *Die 7 Wege zur Effektivität.* Leipzig

Coyle, Daniel (2010): *The Talent Code. Greatness Isn't Born. It's Grown.* London

Duckworth, Angela (2018): *Grit. The Power of Passion and Perseverance.* New York

Ericsson, Robert, und Robert Pool (2017): *Peak. How All of Us Can Achieve Extraordinary Things.* New York

Erkurt, Melisa (2020): *Generation haram. Warum Schule lernen muss, allen eine Stimme zu geben.* Wien

Fisher, Roger, William Ury und Bruce Patton (2012): *Getting to Yes. Negotiating an Agreement Without Giving In.* New York

Frankl, Viktor (1999): *… trotzdem Ja zum Leben sagen. Ein Psychologe erlebt das Konzentrationslager.* München

Frau Freitag (2017): *Für mich ist auch die 6. Stunde: Überleben unter Schülern.* Berlin

Frodeno, Jan, Maria Koettnitz, und Patrick Strasser (2018): *Eine Frage der Leidenschaft. Mit Mut und Motivation zum Erfolg.* München

George, Bill (2007): *True North. Discover Your Authentic Leadership.* San Francisco

Goleman, Daniel (2005): *Emotional Intelligence. Why It Can Matter More Than IQ.* New York

Halpern, Belle Linda, und Kathy Lubar (2004): *Leadership Presence. Dramatic Techniques to Reach Out, Motivate, and Inspire* New York

Harari, Yuval Noah (2018): *21 Lektionen für das 21. Jahrhundert.* München

Holzer, Andy (2018): *Mein Everest. Blind nach ganz oben.* Ostfildern

Hückel, Manfred, Martina Mötz u. a. (2020): *Path of Excellence. St. Gilgen* (beziehbar über *info@stgis.at*)

Isaacson, Walter (2012): *Steve Jobs: Die autorisierte Biographie des Apple-Gründers.* München

Kahneman, Daniel (2012): *Thinking, Fast and Slow.* New York

Kerr, James (2013): *Legacy. What the All Blacks Can Teach Us about the Business of Life.* London

Kotter, John P. (2012): *Leading Change.* Brighton

Lange, Patrick, und Carola Felchner (2022): *Becoming Ironman.* München

Malik, Fredmund (2000): *Führen Leisten Leben. Wirksames Management für eine neue Zeit.* München

Mmagu, Fabian Ndubueze (2018): *Der schwarze Clown Gottes.* Stuttgart

Morgan, Malo (1995): Traumfänger. *Die Reise einer Frau in die Welt der Aborigines.* München
Neale, Margaret, und Max Bazerman (1993): *Negotiating Rationally.* New York
Obama, Barack (2020): *A Promised Land.* New York
Phelps, Michael, und Alan Abrahamson (2008): *No Limits. The Will to Succeed.* London
Pletzinger, Thomas (2019): *The Great Nowitzki. Das außergewöhnliche Leben des großen deutschen Sportlers.* Köln
Precht, Richard David (2015): *Anna, die Schule und der liebe Gott. Der Verrat des Bildungssystems an unseren Kindern.* München
Seiwert, Lothar (2005): *Wenn du es eilig hast, gehe langsam.* Frankfurt am Main
Sinek, Simon (2011): *Start with Why. How Great Leaders Inspire Everyone to Take Action.* New York
Sinek, Simon (2017): *Leaders Eat Last. Why Some Teams Pull Together and Others Don't.* New York
Sinek, Simon (2019): *The Infinite Game.* New York
Thunberg, Greta (2019): *Ich will, dass ihr in Panik geratet! Meine Reden zum Klimaschutz.* Frankfurt am Main
Voss, Chris (2018): *Never Split the Difference: Negotiating As If Your Life Depended On It.* New York
Willink, Jocko, und Leif Babin, Leif (2017): *Extreme Ownership. How U.S. Navy Seals Lead and Win.* New York

VERWEISE

1 https://news.gallup.com/businessjournal/202526/hard-work-turning-talents-strengths.aspx
2 https://www.redbull.com/at-de/wingfinder
3 https://www.hirschhausen.com/glueck/die-pinguingeschichte.php
4 Kahneman, Daniel (2012): *Thinking, Fast and Slow.* New York
5 https://www.manfredhueckel.com/de/episode-5-der-weg-an-die-weltspitze-mit-jan-frodeno/
6 Frankl, Viktor (1999): *... trotzdem Ja zum Leben sagen. Ein Psychologe erlebt das Konzentrationslager.* München
7 Sinek, Simon (2011): *Start with Why. How Great Leaders Inspire Everyone to Take Action.* New York
8 https://www.youtube.com/watch?v=qpOHIF3SfI4
9 Christensen, Clayton, James Allworth, und Karen Dillon (2012): *How Will You Measure Your Life?* New York
10 Hückel, Manfred, Martina Mötz u. a. (2020): *Path of Excellence.* St. Gilgen (beziehbar über info@stgis.at)
11 Empfehlenswert z. B. one more thing in Wien (https://www.onemorething.at)
12 Hier ist der Link zu meinem TED Talk zu diesem Thema auf Youtube: https://www.youtube.com/watch?v=e_6VOuRmVBY

[13] Halpern, Belle Linda, und Kathy Lubar (2004): *Leadership Presence. Dramatic Techniques to Reach Out, Motivate, and Inspire.* New York

[14] Frau Freitag (2017): *Für mich ist auch die 6. Stunde: Überleben unter Schülern.* Berlin

[15] Kotter, John P. (2012): *Leading Change.* Brighton

[16] https://simon-schnetzer.com/jugend-in-oesterreich-trendstudie-sommer-2022/#download

[17] Fisher, Roger, William Ury, und Bruce Patton (2012): *Getting to Yes. Negotiating an Agreement Without Giving In.* New York

[18] https://www.gemeinwohlatlas.de/de/news/20

[19] https://www.gemeinwohlatlas.de

[20] https://www.stgis.at/en/2022/10/stgis-public-value-study/

[21] https://de.statista.com/statistik/daten/studie/1012611/umfrage/privatschulen-in-deutschland-nach-bundeslaendern/

[22] https://wien.orf.at/v2/news/stories/2828793/index.html

[23] https://www.ibo.org/about-the-ib/facts-and-figures/

[24] https://www.lehrerinnenbildung.univie.ac.at/fileadmin/user_upload/p_lehrerinnenbildung/Arbeitsbereiche/Bildungswissenschaft/Projekte/DFK_Deutschfoerderklassen/Mehrheit_der_Lehrkraefte_sieht_Deutschfoerderklassen_problematisch.pdf

[25] Goleman, Daniel (2005): *Emotional Intelligence. Why It Can Matter More Than IQ.* New York

[26] Hückel, Manfred, Martina Mötz u. a. (2020): *Path of Excellence.* St. Gilgen (beziehbar über info@stgis.at)

[27] Duckworth, Angela (2018): *Grit. The Power of Passion and Perseverance.* New York

[28] Hückel, Manfred, Martina Mötz u. a. (2020): *Path of Excellence.* St. Gilgen (beziehbar über info@stgis.at)

[29] Erkurt, Melisa (2020): *Generation haram. Warum Schule lernen muss, allen eine Stimme zu geben.* Wien

[30] https://www.momentum-institut.at/news/stillstand-bei-den-bildungsausgaben

[31] Precht, Richard David (2015): *Anna, die Schule und der liebe Gott. Der Verrat des Bildungssystems an unseren Kindern.* München

[32] https://www.trend.at/standpunkte/essay-hueckel-islands-of-excellence-10672951

ST. GILGEN INTERNATIONAL SCHOOL

DER AUTOR

Nach 23 Jahren tauschte Manfred Hückel seinen Job in der Vorstandsetage des Red Bull Konzerns für die ehrenamtliche Rettung einer kleinen Schule. Fünf Jahre später gilt die St. Gilgen International School als eine der besten Schulen Europas. Außerdem unterrichtet er Leadership an der WU in Wien, der Hochschule St. Gallen und der HHL in Leipzig, wo er 2022 zum besten Gastdozenten gewählt wurde. Er war österreichischer Handball-Meister, finishte als Fünfzigjähriger den Ironman Hawaii Triathlon und lernt gerade - sturzreich - Wingfoilen.

Liebe Leserin, lieber Leser,
haben Sie sich von den „Leuchttürmen der Bildung" inspirieren lassen
oder möchten selbst das Feuer in solch einem entfachen?
Dann freuen wir uns über Ihre Weiterempfehlung, Austausch und Anregung
unter **leserstimme@styriabooks.at**

Inspirationen, Geschenkideen und gute Geschichten finden Sie auf
www.styriabooks.at

ISBN 978-3-222-15106-4

Bücher aus der Verlagsgruppe Styria gibt es in jeder Buchhandlung und im Online-Shop.
www.styriabooks.at

Covergestaltung und Layout: Peter Manfredini
Projektleitung: Ulli Steinwender
Korrektorat: Joe Rabl
Druck und Bindung: Finidr
Printed in the EU
7 6 5 4 3 2 1